BuddhAll

All is Buddha.

BuddhAll.

BuddhAll

BuddhAll

智光莊嚴經
密意

談錫永 註疏　邵頌雄 導讀

目　錄

正分

後分

總序

一　說密意

　　本叢書的目的在於表達一些佛家經論的密意。甚麼是密意？即是「意在言外」之意。一切經論都要用言說和文字來表達，這些言說和文字只是表達的工具，並不能如實表出佛陀說經、菩薩造論的真實意，讀者若僅依言說和文字來理解經論，所得的便只是一己的理解，必須在言說與文字之外，知其真實，才能通達經論。

　　《入楞伽經》有偈頌言——

> 由於其中有分別　名身句身與文身
> 凡愚於此成計著　猶如大象溺深泥[1]

　　這即是說若依名身、句身、文身來理解經論，便落於虛妄分別，由是失去經論的密意、失去佛與菩薩的真實說。所以在《大涅槃經》中，佛說「四依」（依法不依人、依義不依語、依智不依識、依了義不依不了義），都是依真實而不依虛妄分別，其中的「依義不依語」，正說明讀經論須依密意而非依言說文字作理解。佛將這一點看得很嚴重，在經中更有頌言——

---

[1] 依拙譯《入楞伽經梵本新譯》，第二品，頌172。台北：全佛文化，2005。下引同。

彼隨語言作分別　　即於法性作增益

以其有所增益故　　其人當墮入地獄[2]

　　這個頌便是告誡學佛的人不應依言說而誹謗密意，所以在經中便有如下一段經文——

　　　　世尊告言：大慧，三世如來應正等覺有兩種教法義（dharma-naya），是為言說教法（deśanā-naya）、自證建立教法（siddhānta-pratyavasthāna-naya）。

　　　　云何為言說教法之方便？大慧，隨順有情心及信解，為積集種種資糧而教導經典。云何為觀修者離心所見分別之自證教法？此為自證殊勝趣境，不墮一異、俱有、俱非；離心意意識；不落理量、不落言詮；此非墮入有無二邊之外道二乘由識觀可得嚐其法味。如是我說為自證。[3]

　　由此可知佛的密意，即是由佛內自證所建立的教法，只不過用言說來表達而已。如來藏即是同樣的建立，如來法身不可思議、不可見聞，由是用分別心所能認知的，便只是如來法身上隨緣自顯現的識境。所以，如來法身等同自證建立教法，顯現出來的識境等同言說教法，能認知經論的密意，即如認知如來法身，若唯落於言說，那便是用「識觀」來作分別，那便是對法性作增益，增益一些識境的名言句義於法性上，那便是對佛密意的誹謗、對法性的損害。

　　這樣，我們便知道理解佛家經論密意的重要，若依文解字，便是將識境的虛妄分別，加於無分別的佛內自證智境上，

2　同上，第三品，頌34。

3　同上，第三品，頁151。

將智境增益名言句義而成分別，所以佛才會將依言說作分別看得這麼嚴重。

二 智識雙運

由上所說，我們讀經論的態度便是不落名言而知其密意，在這裡強調的是不落名言，而不是摒除名言，因為若將所有名言都去除，那便等於不讀經論。根據言說而不落言說，由是悟入經論的密意，那便是如來藏的智識雙運，亦即是文殊師利菩薩所傳的不二法門。

我們簡單一點來說智識雙運。

佛內自證智境界，名為如來法身。這裡雖說為「身」，其實只是一個境界，並非有如識境將身看成是個體。這個境界，是佛內自證的智境，所以用識境的概念根本無法認知，因此才不可見、不可聞，在《金剛經》中有偈頌說——

> 若以色見我　以音聲求我
> 是人行邪道　不能見如來

色與音聲都是識境中的顯現，若以此求見如來的法身、求見如來的佛內智境，那便是將如來的智境增益名言，是故稱為邪道。

如來法身不可見，因為遍離識境。所以說如來法身唯藉依於法身的識境而成顯現，這即是依於智識雙運而成顯現。經論的密意有如如來法身，不成顯現，唯藉依於密意的言說而成顯現，這亦是依於智識雙運而成顯現。如果唯落於言說，那便有如「以色見我，以音聲求我」，當然不能見到智境，不能見

到經論的密意。不遣除言說而見密意，那便是由智識雙運而見，這在《金剛經》中亦有一頌言（義淨譯）——

> 應觀佛法性　即導師法身
> 法性非所識　故彼不能了

是即不離法性以見如來法身（導師法身），若唯落識境（言說），即便不能了知法性。所謂不離法性而見，便即是由智識雙運的境界而見，這亦即是不二法門的密意，雜染的法與清淨的法性不二，是即於智識雙運的境界中法與法性不二。

然而，智識雙運的境界，亦即是如來藏的境界，筆者常將此境界比喻為螢光屏及屏上的影像，螢光屏比喻為如來法身，即是智境；法身上有識境隨緣自顯現，可比喻為螢光屏上的影像，即是識境。我們看螢光屏上的影像時，若知有螢光屏的存在，那便知道識境不離智境而成顯現（影像不離螢光屏而成顯現），因此無須離開影像來見螢光屏（無須離開言說來見密意），只須知道螢光屏唯藉影像而成顯現（密意唯藉言說而成顯現），那便可以認識螢光屏（認識經論的密意）。這便即是「應觀佛法性，即導師法身」，也即是「四依」中的「依義不依語」、「依智不依識」、「依了義不依不了義」。

簡單一點來說，這便即是「言說與密意雙運」，因此若不識如來藏，不知智識雙運，那便不知經論的密意。

三　略說如來藏

欲知佛的密意須識如來藏，佛的密意其實亦說為如來藏。支那內學院的學者呂澂先生，在〈入楞伽經講記〉中說
——

此經待問而說，開演自證心地法門，即就眾生與佛
共同心地為言也。

自證者，謂此心地乃佛親切契合而後說，非臆測推
想之言。所以說此法門者，乃佛立教之本源，眾生
入道之依處。⁴

由此可見他實知《入楞伽經》的密意。其後更說 ——

四門所入，歸於一趣，即如來藏。佛學而與佛無
關，何貴此學，故四門所趣必至於如來藏，此義極
為重要。⁵

所謂「四門」，即《入楞伽經》所說的「八識」、「五
法」、「三自性」及「二無我」，呂澂認為這四門必須歸趣入
如來藏，否則即非佛學，因此他說 ——

如來藏義，非楞伽獨倡，自佛說法以來，無處不
說，無經不載，但以異門立說，所謂空、無生、無
二、以及無自性相，如是等名，與如來藏義原無差
別。⁶

佛說法無處不說如來藏、無經不載如來藏，那便是一切
經的密意、依內自證智而說的密意；由種種法異門來說，如說
空、無生等，那便是言說教法，由是所說四門實以如來藏為密
意，四門只是言說。

呂澂如是說四門 ——

4　《呂澂佛學論著選集》卷二，頁 1217，齊魯書社，1991。下引同。
5　同上，頁 1261。
6　同上。

前之四法門亦皆說如來藏，何以言之？八識歸於無
生，五法極至無二，三性歸於無性，二空歸於空
性，是皆以異門說如來藏也。

這樣，四門實在已經包括一切經論，由是可知無論經論
由那一門來立說，都不脫離如來藏的範限。現在且一說如來藏
的大意。

認識如來藏，可以分成次第 ——

一、將阿賴耶識定義為雜染的心性，將如來藏定義
為清淨的心性，這樣來理解便十分簡單，可以
說心受雜染即成阿賴耶識，心識清淨即成如來
藏心。

二、深一層次來認識，便可以說心性本來光明清
淨，由於受客塵所染，由是成為虛妄分別心，
這本淨而受染的心性，便即是如來藏藏識。本
來清淨光明的心性，可以稱為如來藏智境，亦
可以稱為佛性。

三、如來藏智境實在是一切諸佛內自證智境界，施
設名言為如來法身。如來法身不可見，唯藉識
境而成顯現。這樣，藉識境而成顯現的佛內自
證智境便名為如來藏。

關於第三個次第的認識，可以詳說 ——

如來法身唯藉識境而成顯現，這個說法，還有密意。一
切情器世間，實在不能脫離智境而顯現，因為他們都要依賴如
來法身的功能，這功能說為如來法身功德。所以正確地說，應

該說為：如來法身上有識境隨緣自顯現。當這樣說時，便已經有兩重密意：一、如來法身有如來法身功德；二、識境雖有如來法身功德令其得以顯現，可是還要「隨緣」，亦即是隨著因緣而成顯現，此顯現既為識境，所依處則為如來法身智境，兩種境界雙運，便可以稱為「智識雙運界」。

甚麼是「雙運」？這可以比喻為手，手有手背與手掌，二者不相同，可是卻不能異離，在名言上，即說二者為「不一不異」，他們的狀態便稱為雙運。

如來法身智境上有識境隨緣自顯現，智境與識境二者不相同，可是亦不能異離，沒有一個識境可以離如來法身功德而成立，所以，便不能離如來法身而成立，因此便說為二者雙運，這即是智識雙運。

如來法身到底有甚麼功能令識境成立呢？第一、是具足周遍一切界的生機，若無生機，沒有識境可以生起，這便稱為「現分」；第二、是令一切顯現能有差別，兩個人，絕不相同，兩株樹，亦可以令人分別出來。識境具有如是差別，便是如來法身的功能，稱為「明分」，所謂「明」，即是能令人了別，了了分明。

智境有這樣的功能，識境亦有它自己的功能，那便是「隨緣」。「隨緣」的意思是依隨著緣起而成顯現。這裡所說的緣起，不是一般所說的「因緣和合」。今人說「因緣和合」，只是說一間房屋由磚瓦木石砌成；一隻茶杯由泥土瓷釉經工人燒製而成，如是等等。這裡說的是甚深緣起，名為「相礙緣起」，相礙便是條件與局限，一切事物成立，都要適應相礙，例如我們這個世間，呼吸的空氣，自然界的風雷雨電，如是等等都要適應。尤其是對時空的適應，我們是三度空間的生命，所以

我們必須成為立體,然後才能夠在這世間顯現。這重緣起,說為甚深秘密,輕易不肯宣說,因為在古時候一般人很難瞭解,不過對現代人來說,這緣起便不應該是甚麼秘密了。

這樣來認識如來藏,便同時認識了智識雙運界,二者可以說為同義。於說智識雙運時,其實已經表達了文殊師利法門的「不二」。

四　結語

上來已經簡略說明密意、智識雙運與如來藏,同時亦據呂澂先生的觀點,說明「無經不載如來藏」,因此凡不是正面說如來藏的經論,都有如來藏為密意。也即是說,經論可以用法異門為言說來表達,但所表達的密意唯是如來藏(亦可以說為唯是不二法門),因此我們在讀佛典時,便應該透過法異門言說,來理解如來藏這個密意。

例如說空性,怎樣才是空性的究竟呢?如果認識如來藏,就可以這樣理解:一切識境實在以如來法身為基,藉此基上的功能而隨緣自顯現,顯現為「有」,是即說為「緣起」,緣起的意思是依緣生起,所以成為有而不是成為空。那麼,為甚麼又說「性空」呢?那是依如來法身基而說為空,因為釋迦將如來法身說為空性,比喻為虛空,還特別聲明,如來法身只能用虛空作為比喻,其餘比喻都是邪說,這樣一來,如來法身基(名為「本始基」)便是空性基,因此在其上顯現的一切識境,便只能是空性。此如以水為基的月影,只能是水性;以鏡為基的鏡影,只能是鏡性。能這樣理解性空,即是依如來藏密意而成究竟。

　　以此為例，即知凡說法異門實都歸趣如來藏，若不依如來藏來理解，便失去密意。因此，本叢書即依如來藏來解釋一些經論，令讀者知經論的密意。這樣來解釋經論，可以說是一個嘗試，因為這等於是用離言來解釋言說，實在並不容易。這嘗試未必成功，希望讀者能給予寶貴意見，以便改進。

談錫永

2011年5月19日七十七歲生日

自序

一　前言

　　《入一切諸佛境界智光莊嚴經》是一本非常重要的經典，這本經典在漢土未受到太大的重視，但在藏土情形便不同，常見許多論著引用本經來作詮說，當日敦珠法王教授大圓滿的見修行果時，依着傳承，亦屢屢引用本經來作釋義。

　　這本經之所以重要，是因為它正面解說一切諸佛的境界，同時說出入這境界的觀修法門，如是顯示如來藏的基道果，實在不可多得。行者細讀本經，便能由法報化三身的境界，進入三身無分別，由是貫串釋迦所說的三解脫門，那便能由實修實證來悟入如來藏。

　　對如來藏，由實修實證而悟入實在非常重要，甚至可以說，這是入如來藏的唯一法門。倘如從言說來揣摩如來藏，又或者只探求如來藏的理論（見地），而不能與觀修聯繫，那就必然會對如來藏產生很多誤解，現代香港與國內一些喜談唯識的學者，便是根本不識觀修，亦不知佛道觀修應與甚麼見地關聯，由是便誹謗了如來藏，這情形，在《寶性論》中早已有所預言。

　　現在這篇序文，不打算詳說本經，因為已有邵頌雄教授的導論，對本經加以詮說。

　　他先將本經與《維摩》比較，因為布達拉宮所藏的梵文

本,本經與《維摩》合為一綑,是故此二經必然有所關聯,比較之下,即知兩經同說如何由三解脫門入不二法門,這便即是入一切諸佛境界的觀修,亦說為道,道上有層層次第,兩經所說基本相同,讀者可參考導論以及本經的註疏。

接著導論有將本經與《寶性論》比較。無著論師註釋《寶性論》時,引用本經說佛性八種功德,同時亦引用了本經所說的九喻與及十六種菩提,這樣就能肯定本經所說的「一切諸佛境界」即是如來藏境界,因為《寶性論》正說如來藏,所以不可能引用非如來藏的境界來說,由是本經雖未說如來藏之名,但其實所說的即是如來藏的基道果。——以見地為基,用以在修道時作抉擇與決定;觀修為道,依三解脫門觀修,然後攝為一門,再深入至究竟;於究竟時,即能現證如來藏果,亦即由現證而悟入一切諸佛的智光莊嚴境界,也即是三身無分別的如來藏境界。

本經所說的基道果,亦有筆者的疏文加以演繹,現在不再詳說,只打算介紹一些很基本的概念,讓對如來藏沒有認識、對深般若波羅蜜多沒有認識、對不二法門沒有認識、以至對大圓滿道沒有認識的讀者,能無障礙而研讀本經。如果說導論和疏文是入諸佛境界的導遊,這篇序文可以看成是一輛車,也即是入諸佛境界的基本工具。

二　覺與智

我們由「佛」來說起。佛,是「佛陀」的簡稱。Buddha這個梵文,依漢、魏時代的口語,音譯為「佛陀」,如果意譯,便應該譯為「覺者」。

　　「覺」（buddhi），音譯為「菩提」；「覺者」便是現證了覺的行者，當證覺時，他便入一切諸佛境界而成佛。凡夫也有覺，因為也有認知，稱為「知覺」，或稱為「覺受」，與佛的覺有所不同，只是因為凡夫是依着心、意、識來覺受，這樣就落於心、意、識的分別，佛則離此分別而覺，由心、意、識建立的名言句義（概念），都非佛之所依。

　　佛的「覺」，既離名言句義、分別戲論，所以覺受的境界便不同凡夫覺受的境界。本經先由超越凡夫覺受境界說起，所以先說「不生不滅」。在凡夫的心識覺受境界中，充滿生滅的現象，生與死、存在與破壞、見與不見，都是無可否認的生滅，那便是落於概念的知見，佛離此知見，即能見到不生不滅。所以得入諸佛境界，便是由覺來覺到一個無生滅的境界，這個境界可以稱為佛的「內自證聖智境界」（svapratyātma-āryajñāna-gocara）。這個境界不可思議，即是無法用言說來解釋，用思惟來認證。

　　不過我們卻仍然要解釋，不解釋就沒法明白這個境界的機理。要解釋便只能將這境界分為兩份，釋迦世尊也是這樣做，他說證覺成佛的同時，除了證覺的智境之外，還無間而起一個「後得智」（pṛṣṭha-labdha-jñāna），至於證覺的智境則稱為「根本智」（mūlajñāna）。

　　根本智是本然存在的智，其境界亦是本然存在的境界，因為本然存在，是故稱為究竟，佛經常說，有佛無佛都有法住，這個法住，便即是根本智的智境常在。至於後得智，其實亦是本然，只是為了說明佛可以了別世間一切法的差別相，才建立這個智來說，所以我們應該知道，佛的智境唯一，並非言說般分成兩個境界。

現在再說佛證覺的智境，卻又要把他再分成兩份來理解，一份是智境的本身，另外一份是智境的功能。這樣來分，其實亦是為了說明他的功能，二者其實並不是獨立存在的兩份。一如我們說張三，說他是醫生，那麼就要將二者分開來說：「張三的功能是醫病」，其實「張三」與「醫病」二者本來不能分開，不是有一份沒醫病功能的張三，有一份不知是誰的醫病功能，但是為了言說，便只能將「張三」與「醫病」分成兩個詞語來說。

佛的內自證智有功能，這些功能又可以說為兩份，一份名為「現分」（snang ba）、一份名為「明分」（gsal ba）。正是憑着這兩份，才有世間與眾生可以成立。

通俗來解釋，現分可以理解為生機，因為這份功能是能令世間與眾生生存，令世間與眾生顯現，所以法界中一切世間與眾生、無論是甚麼時空的世間與眾生，都要靠這現分來成立生存與顯現。至於明分，可以稱為區別分，世間與眾生能顯現差別相，便是靠這份功能，由是世間沒有兩個相同的人，甚至沒有相同的兩株草，當然，也就沒有兩個相同的世界。

我們將佛內自證智的境界施設名為「法身」（dharma-kāya），所以法身並不是一個「身」，只是名言施設說之為「身」，其實只是一個智境，只是佛證覺的覺境。由於這個智境同時有後得智，所以這個智境便包含明分所顯現的報身（saṃbhoga-kāya），現分所顯現的化身（nirmāṇa-kāya）[1]。這樣說，其實亦只是言說，為了容易理解而說，實際上三身不能分割，因為佛的內自證智其實不能分割，因此入一切諸佛境

1　有說化身是明分與空分的雙運，這說法是不建立現分而說。至於現分，亦非明分與空分雙運。

界，並非分別見到三身，此三身本然合而為一，所以說是三身無分別。研讀本經，這是一個非常重要的認識，是即說有三身，其實唯一。

　　由這樣也可以理解三解脫門。三解脫門是：空解脫門、無相解脫門、無願解脫門。這也可以說是三身解脫，分別說為法身解脫、報身解脫、化身解脫。若三身本然合而為一，那麼三解脫門自然亦應本然合而為一，這便是三解脫門可攝為一門的道理，亦即不二法門的道理。是故覺與智亦非有差別，只是一個唯一的境界。

三　緣生與空

　　以我們這個世間的眾生來說，我們的心性，其實本來即是如來性，因為本然的心性便是如來法身。本然的心性能起本然證覺的功能，只不過我們的如來性不顯露（或說為法性不顯露），因此我們才失去本然，唯依於具分別具戲論的心識而覺受、覺知。心識必有分別，既落於分別，所以我們才會不斷地輪迴，若心中本然的如來性顯露（或說為法性顯露），我們便可以覺入一切諸佛的境界而成佛，根本脫離輪迴。

　　我們怎樣去除心性所受的障礙呢？本經說，是由現證一切法隨緣自顯現而除障礙，佛因此便說「緣生」。世間一切法由因緣而生，並無一個根本的依止令其生起，是即稱為「緣生」。任何世間的一切法都依着如來法身功德才能生起，其生起又必須適應其存在世間的一切障礙，因此便說一切法是「隨緣自顯現」。例如我們這個世間的人，為了適應三度空間，所以一定要顯現為立體；為了適應生命的延續，所以一定要有遺

傳因子（DNA），此外我們還要適應地球的結構、空氣、陽光、水分等等，這些都是我們隨緣自顯現的「緣」。所以由佛後得智來看我們的世間與眾生，便說是「任運圓成」。「任運」便是隨障礙而作適應，「圓成」便是得成存在與顯現。

有些學佛的人常落於「空」的概念來理解「緣生」，所以將「緣生性空」解釋為「因為緣生所以性空」，他們說，既然緣生便「無自性」，無自性便是「空性」。在這裏，他們其實作了增上，對一切法增加一個「自性」的概念，然後還落於有無兩邊來觀察這個自性。

在說般若時，或者還可以以此為方便，但若要知諸佛境界，便自設了兩重障礙。

對諸法增上一個「自性」，便是增上了障礙，因為我們觀察一切法，實只是對「法」本身作觀察，現在卻變成是不觀察這個法如何成為存在與顯現，卻去觀察這個法的自性，那麼，在觀察時便已落在自設的障礙上。或者有人會反駁說，我們已經說「緣生」了，就是因為「緣生」，一切法才得成存在與顯現，這就是我們的觀察。那麼便不妨反思一下，你說的緣生到底是否究竟層次的「緣生」，倘如不究竟，這「緣生」的概念便是入諸法境界的障礙。由業因、相依、相對來建立緣生，都是依心識來建立，誰敢說心識建立出來的義理可以入一切諸佛境界，倘如能夠，所有凡夫都應該是佛。此外，由緣生來觀察一切法，應該是直接的觀察，現在我們卻去觀察「法」的自性有無，這便違反了入一切諸佛境界的根本，必須由不生不滅來去除有無二邊。

本經說一切諸佛境界，先說為不生不滅，那便是由超越

一切世間現象來說佛的境界，所以必須超越未離世間心識的緣生。依瑜伽行的說法，遍計及依他兩重緣生都依心識，至於由圓成而說緣生，那便得離心識；若依甯瑪派的秘密緣起，業因、相依、相對，三種緣起都未離心識，唯相礙緣起得離心識，相礙緣起所說即是一切法任運圓成，與瑜伽行派的圓成自性相同義，是即唯依一切法任運圓成，才能離心識而得見現象的不生不滅實相。

用相礙緣起去觀察一切諸法，不同於用心識來觀察，因為他是直接觀察那個「法」，情器世間一切法都必須任運，然後才能夠圓成，任運即是適應，是故一切法都須適應本然的障礙才能圓成，這便與自性無關。本經只是說——

> 若一切法無所得即一切法平等，若法平等即法常住，若常住即無動，若無動即無依，若一切法無所依止即心無所住，心無住故即無生而生。

既說「一切法無所得」，是即應知不能落於「空」的概念來定義一切法，是如佛說兔角，須離「角想」（角的概念），沒有角的概念，就不能依有角無角來觀察。現在將一切法落於空的概念，一切法便有所得，得到我們施設出來的空性。在《般若》系列經中，佛屢屢強調「空」只是施設，因此才會說「空空」，所謂「空空」，即是不能依空來觀察一切法，令一切法落於「空」這個概念，由是才須要空掉這個「空」。

一切法若不落任何概念即「無所得」，經文依「無所得」作重重抉擇：無所得是故平等；平等是故常住；常住是故無動；無動是故無依；無依即心無所住；心無所住即無生而生，由此決定一切法無生。必須依此重重抉擇而作決定，才能由觀行得入一切諸佛境界無生。倘如不識抉擇，便不能得出決

定，當然也就不能由決定而成現證。

接下來，本經說——

> 若因緣生性即畢竟無生，若畢竟無生即得寂靜，若
> 得寂靜即一切法作意悉同無依，若一切法作意悉同
> 無依即都無依止，若無依止即無得無非得，若無得
> 無非得即得法常住，若得法常住即深固法相應，若
> 深固法相應即無有少法可住亦無佛法。何以故。覺
> 了空性故。

這是以「無生」再作高一層次的抉擇。由相礙緣起成立
的緣生性（任運圓成性）即能決定畢竟無生，由畢竟無生即得
寂靜，所謂寂靜，即是出離世間，因為已遠離了世間的名言句
義、戲論分別；若得寂靜，則不能對一切法作意，因為凡有作
意，此作意皆無所依止，此如作意於「空」，空的作意實在沒
有一個「空處」為它所依（除非你把「空」當成是「空間」），
所以佛才說「空空」，建立空空義（śūnyatāśūnyatārtha）；既無
依止，一切法便「無得無非得」，關於這點須要詳細一說。

舉一個例，此如一切法不落於一個「空」的概念，那便
可以說一切法無得，但亦不能說是「非得」。為甚麼呢？因為
一切法雖然不能得到一個由名言句義定義出來的「空」（例如
說「無自性空」，或說「唯識無境」的空），但是，釋迦施設
如來法身為空，亦即施設一切諸佛境界為空，所以一切法皆依
如來法身的功德而成存在與顯現。在言說上，便可以說一切諸
法都具足如來本性，是即具足空性，因此便說「無非得」，當
這樣說時，已是將識境與智境雙運而說。依此雙運，即能理解
一切法無依即「無得無非得」，此如世尊說兔角之「非有非非
有」。這樣說時，實在亦已離有無二邊。

現在再接着來抉擇：若一切法無得無非得，是即一切法
常住，所謂常住，並不是否定無常，只是說如來法身功德常住
世間，不能因為世間有生滅現象，便連如來法身功德也說為無
常。於雙運中，一切法於世間無所得（非得），但於法身功德
却非無得（無非得），由於常具如來功德，故可說為常住；若
一切法常住，便與深固法相應。所謂深固法，即是離作意的中
觀瑜伽行，亦可說為大中觀瑜伽行，此即是「道」，在密乘便
是大圓滿道、大手印道，在禪宗便是「破牢關」，在淨土便是
得入「常寂光土」。

若與深固法相應，行者的心便無少法可住（少法是落於
心識，依名言句義建立的法），亦不住於佛法。有些密乘行人
認為顯宗不能到此境界，其實不是，禪師得見本來面目後，還
須見一切諸法的本來面目（此即由離心識而見一切諸法），是
即由禪定而與深固法相應；既無少法可住，即與如來法身相
應，是即名「覺了空性」，亦即依本覺而證入如來法身，是即
證入一切諸佛境界。

上來所說，可參考筆者在頁189-192及頁197-199兩段疏文。
筆者於拙〈大圓滿身智界現觀莊嚴·雨花臺〉有兩頌云——

真如法身境界相　證智境界如來藏
轉捨識覺依智覺　如來藏即分明見

由是彌勒瑜伽行　如來藏為修證果
洞穿識境證智境　此如鵝鳥飲水乳

四　大平等性

上來已由不生不滅、一切諸法隨緣自顯現，說入一切諸

佛境界，現在還要提一提大平等性。

　　所謂大平等性，即是在佛證覺的智境中（佛內自證智境界中），一切法平等，一切世間平等，世間與法身平等。這本來很容易理解，因為我們已經知道一切法都依如來法身而成顯現，而且如來法身周遍，是故法身與世間平等。此如鏡影依鏡而成顯現，鏡影與鏡必定平等。又如螢光屏上有種種影像，影像必與螢光屏平等。由此平等即可說唯一，沒有鏡與影像的分別、沒有螢光屏與影像的分別。雖無分別，但影像畢竟顯現，由此顯現，便可說此唯一並非依顯現而成唯一，只是由於法身上一切法平等無分別而說唯一，因此在一切諸佛境界中，便須說及報身與化身（統名之為「色身」）。此兩種色身都是如來法身上的隨緣自顯現。

　　色身的兩種顯現，將報身顯現說為光明，將化身顯現說為莊嚴，連同法身即是如來智，是故便說一切諸佛境界，即是智慧、光明、莊嚴的法身與色身雙運境界。若依三分而說，空分即是智慧，明分即是光明，現分即是莊嚴。所以說一切諸佛境界，是智慧、光明、莊嚴，其實已統攝法身、報身、化身而說，亦統攝如來法身與如來法身功德而說。

　　為甚麼報身說為光明，因為我們對報土的顯現實在無法理解，他已經超越了我們世間的言說與思惟，在道名言上說之為「非識境相」（離識境相，nirābhāsa-lakṣaṇa），因為他既非如來的智境，但也不是我們的識境，是故可稱為非識境。不過，雖非識境，幸而我們的識境中還有一種顯現可以跟報土溝通，那便是光明。由是我們便將此非識境相說為光明。

　　至於化身境界，我們將之說為莊嚴，那便是將之說為如來智境上的種種裝飾品，也可以說是法界中的種種遊戲舞，此

如說螢光屏上的影像,即是螢光屏上的裝飾與遊戲。

智慧、光明、莊嚴,三者其實都是依我們的言說來建立的境界,我們說是這樣,別的世間眾生一定不會跟我們同樣建立,因為他們有自己的言說思惟。必須這樣理解,我們才不會將一切諸佛境界理解為唯此三者。以此之故,我們便須超越此三者,那便是我們還須現證此三者無分別,亦即法報化三身無分別、空分明分現分三分無分別。

或有人說,已經建立大平等性,那麼法報化三身已經平等,平等即無分別。這樣的說法是脫離觀修來說,只是言說上的推理。觀修行人即使已住入大平等性中,他依然要由差別來觀修三身唯一。倘如儱侗地依大平等性來說唯一,沒可能證入一切諸佛境界,因為說為平等的境界,其實已有法身智慧、報身光明、化身莊嚴的差別,現在只是依「平等」這個詞來推理,說為無分別而已。

所以,如何現證法報化三身無分別,必須不住入大平等性的概念,亦即超越大平等性,然後才能真正地不區別三者而說平等,是即三者融和而成唯一境界,這才是平等性自解脫。

五　三身無分別

所謂平等性自解脫,那便是不落於「大平等性」這個概念來觀修,平實而言,這便是於平等性中須認識差別相,平等而有差別。能知平等中的種種差別,才有觀修的基礎。

大平等性中的差別建立,是將法報化三身的任一身統攝三身,其建立如下——

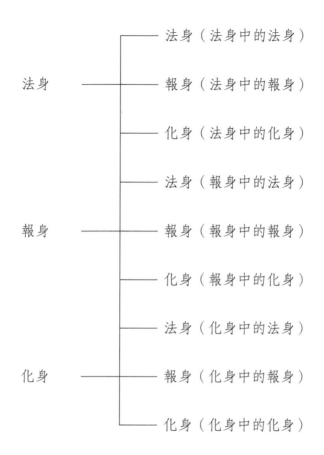

　　如上建立，三身有差別，然而一身可攝三身亦不離平等，依此觀修，於融合種種差別相時，便是解脫了「大平等性」這概念的羈絆，現證三身無分別相。

　　可以由實修來舉一例。例如我們於觀修生起法時，本尊是報身，行者自身是化身。迎請一位報身智慧尊入心輪，於智慧尊的心輪中，又建立法身的表義，如水晶杵，或種子字。當這樣觀修時，便已經是依化身的化身、化身的報身、化身的法

身來觀修,是故當觀修等持時,收攝本尊及智慧尊入水晶金剛杵,於光明中三身融合,行者等持的覺受,便可以說是三身無分別的境界。若行者真正得到這覺受,便已能覺到非識境相,再加串習,至得佛的本覺為究竟,此時行者已入平等性自解脫的境界,三身融合(空分等三分融合、智慧等三相融合),已無所謂平等不平等,亦更無平等中的差別,同時也沒有依無差別而說的平等。

本經說菩薩行時,說五種行:一、無盡無不盡、無生無不生;二、三時心盡;三、觀修行人與如來無二無差別;四、不行色空、不行色不空;五、無法可盡即是無為,是即無生無滅,法性常住。

此五種觀行,實在是依三身無分別而行,在疏釋中筆者已作解說,五種行皆依法身而觀,說無盡無不盡、無生無不生,即是觀行法身的報身與法身的化身;三時心盡,即是通觀法身的三身;觀行行人與如來無二無別,即是觀行法身的化身;不行色空、不行色不空,即是觀行法身的報身與法身的化身;法性常住,即是觀行法身的法身,然後通觀三身。

如是觀行,可能尚未究竟,所以還須要在十地之外建立十一、十二、十三地。令行者能得三身無分別,於此不作詳說。

六 結語

本經說不生不滅、隨緣自顯現、大平等性,是次第說覺知一切諸佛境界的基礎。圓融此三境界,即知諸佛境界唯一,由此即能說取證菩提。既知取證菩提,復須知如何取證菩提,

覺入菩提的境界，即是兩種菩提心雙運的境界，此境界更可依
菩薩行而行。

　　上來所說便是本經的結構，知道結構，研讀本經應該沒
有困難。讀者雖然不能由讀本經而得入佛境界，但最少也知道
諸佛境界到底是甚麼一回事，於學佛時若能依讀本經之所得，
來抉擇自己之所學，那就不會落於偏見、宗義見，由是才能積
福德智慧二份資糧，這即是筆者的願望。因為許多學佛的人，
困於宗義與見地，即使修行一生亦無資糧可得。若利根行人研
讀本經，得本經的指示，其成就自然比積資糧更高。

　　圓滿、吉祥

導

論

導論

邵頌雄

一、《智光莊嚴經》與《維摩經》

　　1999年，藏於布達拉宮的梵本貝葉首度公開讓國外佛教學者進行研究。第一批獲准進入布達拉宮的，為日本大正大學綜合佛教研究所。研究才展開四天，於7月30日當天，研究所的副所長高橋尚夫教授發現了《入一切佛境界智光莊嚴經》（*Sarvabuddhaviṣayāvatāra-Jñānālokālaṃkāra*，以下簡作《智光莊嚴經》）的梵本，而與此經綑在一起的，是另一部名為《妙喜世界阿閦如來出現品》（*Abhiratilokadhātvānayana akṣobhyatathāgatadarśana*）、其後證實為《維摩經》（*Vimalakīrtinirdeśa*）的梵本。此發現轟動佛學界，因兩經的梵本皆久已佚失。大正大學綜合佛教研究所的梵語佛典研究會亦旋即出版了《梵漢藏対照『維摩経』》（2004）、《梵漢藏対照『智光明莊嚴経』》（2004）及《梵文維摩経—ボタラ宮所藏写本につく校訂》（2006）。

　　據大正大學研究團隊的觀察，兩份抄寫梵本所用字體一致，文本組織亦雷同，二者均由封面、經文、經題、因緣咒、迴向及跋文六個部份組成，手抄採用的亦是同樣字體，且兩份抄本都由戒幢（Śīladhvaja）供養。由跋文可知，兩部梵本皆於波羅王朝時瞿波羅三世（ca. 1128-43）在位第十二年期間寫成。[1]

1　Yoshiyasu Yonezawa, "The *Vimalakīrtinirdeśa* and the (*Sarvabuddhaviṣayāvatāra* -) *Jñānālokālaṃakāra*," *Journal of Indian and Buddhist Studies*, Vol. 55, No. 3 (March 2007): 57-63.

兩部佛典藏為一札，但佛學界卻從未見有把二經並舉來探討其中法義。然則兩經有否實際關聯？對此疑問，我們可就文本及法義兩方面看到端倪。

於《智光莊嚴經》卷五開首，有下來五句偈頌——

稽首十力度煩惱	稽首廣大施無畏
善住不共諸法中	稽首世間尊勝者
稽首能斷眾結縛	稽首已住於彼岸
稽首救世諸苦尊	稽首不住於生死
普遍通達眾生行	於一切處離意念
如蓮不著於水中	淨空寂默常親近
聖師種種無上句	稽首無緣度染海
普遍善觀諸相門	於諸願求無所有
佛大威力不思議	猶如虛空無依止
稽首廣持勝德門	稽首猶如妙高勝

幾近相同的四句偈頌，則見於《維摩經》開首的《佛國品》——

稽首十力諦勇猛	稽首已得無怖畏
稽首至定不共法	稽首一切大導師
稽首能斷眾結縛	稽首已住於彼岸
稽首普濟苦群生	稽首不依生死趣
已到有情平等趣	善於諸趣心解脫
牟尼如是善修空	猶如蓮花不著水

一切相遣無所遣　　一切願滿無所願
大威神力不思議　　稽首如空無所住[2]

大乘佛典中，除同系列的經典，如廣本、略本的《般若經》，這種相同經文出現於不同契經的情況不多。上引兩段偈頌的梵文原文如此接近[3]，可懸想為來自同一口傳教授，或兩經流通於秉持同一思想見地的佛家僧團，而結集為文字時，便有這種文句重疊的出現。

然而，《智光莊嚴經》的這段偈頌，雖亦見於大正大學研究團隊發現的梵本，唯三種漢譯中，僅惟淨譯本同樣以此偈頌開展卷五的內容，曇摩流支（約501）譯本則有此卷其餘內容卻無該五句偈頌，至於僧伽婆羅（459-524）譯本雖較曇本為後，卻是整卷缺虞。至於藏譯本，則與梵本及惟淨譯本同。

惟淨的生卒年份不詳，僅知為與施護、法護等同期的宋朝譯師，故其翻譯事業，約為十一世紀初。因此，最早四世紀初與最晚十一世紀初的譯本，都見有卷五內容，反而六世紀初的譯本則未見，這便不能完全依發展的觀念來理解經文

2　依玄奘譯，見大正・476《說無垢稱經》。鳩摩羅什的譯本，大致相同，唯四句偈頌只譯出三句半。比較梵藏本及玄奘本，疑為最末句漏譯半句。什公譯本作（大正・475）——

稽首十力大精進　　稽首已得無所畏
稽首住於不共法　　稽首一切大導師
稽首能斷眾結縛　　稽首已到於彼岸
稽首能度諸世間　　稽首永離生死道
悉知眾生來去相　　善於諸法得解脫
不著世間如蓮華　　常善入於空寂行
達諸法相無罣礙　　稽首如空無所依

3　比較《梵漢藏対照『維摩經』》（2004）頁24-27及《梵漢藏対照『智光明莊嚴経』》（2004）頁162-165。

的增減。事實上，僧本的翻譯，於各卷都有缺譯或漏譯的情況。尤其曇本與僧本譯出的時間相約，所據梵本亦不應有太大差異，只能理解為僧譯的不足。像此經的卷五為流通分，曇本頗為完整，唯缺上引偈頌而已。因此，我們也不排除現存附有此偈頌的梵本，跟惟淨譯本及藏譯本所據的梵本一樣，是較晚出的版本。

比較上引《智光莊嚴經》及《維摩經》偈頌，分別在於《維摩》的四句，略去了第四頌上半句及第五頌下半句，但當中由空、無相、無願三解脫門來開演佛智境界的義理，並無二致。《智》經引頌說「普遍通達眾生行，於一切處離意念，如蓮不著於水中，淨空寂默常親近」，即是「空解脫門」。參看梵本，此中所謂「淨空寂默」的「寂默」，實為 muni 的直譯，然其義卻指釋迦牟尼，故此句翻譯，實不如玄奘譯來得直接了當，說為「牟尼如是善修空」。「善修空」者，猶如蓮華不著水，經中已多有說及，是為非落邊落分別之修空，以證達本然之智境而不為世間所染。其次，《智》經頌言「普遍善觀諸相門，於諸願求無所有」，乃攝「無相解脫門」及「無願解脫門」而言。此句二經梵本稍有不同，玄奘本《維摩》作「一切相遣無所遣，一切願滿無所願」，但法義上跟《智》經差別不大，因「普遍善觀諸相門」者，能對普遍善觀一切諸相，自然盡遣種種計執以至「無所遣」；至於「於諸願求無所有」時，當然亦可以說是「一切願滿無所願」。

「三解脫門」於二經中，皆為極其重要的教法。《智光莊嚴經》中最主要說三解脫門的一段，見於經中卷四——

> 復次，妙吉祥，菩提者，是清淨義、無垢義、無著
> 義。何名清淨。何名無垢。何名無著。謂空解脫門

即是清淨；無相解脫門即是無垢；無願解脫門即是
無著。無生是清淨；無作意是無垢；無起是無著。
自性是清淨；圓淨是無垢；明亮是無著。無戲論
是清淨；離戲論是無垢；戲論寂止是無著。真如是
清淨；法界是無垢；實際是無著。虛空是清淨；寥
廓是無垢；廣大是無著。了知內法是清淨；外無所
行是無垢；內外無所得是無著。了知蘊法是清淨；
界法自性是無垢；離諸處法是無著。過去盡智是清
淨；未來無生智是無垢；現在法界安住智是無著。
妙吉祥，此如是等，清淨、無垢、無著諸義，於一
句中普能攝入，謂寂靜句。若寂靜即遍寂，若遍寂
即近寂，若近寂即寂止，若寂止此說即是大牟尼法。

　　經中以清淨、無垢、無著三者，來闡釋三解脫門。由此
開演，即有一組復一組的法門建立，可視為以境行果或基道果
來統攝三解脫門。此如以無生義觀照空性為基、對諸相無作意
為道，便能自然現起於一切願無起之果；又如以無戲論之空性
為基，修持與行持以離戲論為道，而能現起戲論寂止的果。
《維摩經》中，也有類似的三解脫門法門建立，如《弟子品》
言：「以化一切眾生行相，引發修空；以治一切有為行相，引
修無相；以故作意受生行相，引修無願」[4]。此即以現觀一切
眾生行相之共體性為基，引發空解脫門之觀修；以對治執持一
切有為法之心行相，引發無相解脫門之觀修；以對輪涅無有希
疑、無有分別，既能證入不復受生之涅槃亦以大悲故作受生行
相，引發無願之觀修，是為經言「於三脫門正觀察樂」[5]。此

4　羅什譯本作「教化眾生而起於空，不捨有為法而起無相，示現受生而起無
　　作」。

5　羅什譯本作「樂三脫門不樂非時」。

三解脫門的修習，《維摩》說為「菩薩所行」：「若樂觀察空性所行，而求一切功德所行，是則名為菩薩所行；若樂觀察無相所行，而求度脫有情所行，是則名為菩薩所行；若樂觀察無願所行，而能示現有趣所行，是則名為菩薩所行」[6]。

　　然而「菩薩所行」者，乃調伏自心之方便法，仍非「諸佛所行」的究竟法。《維摩》中也有說明：「云何菩薩有巧方便善攝妙慧名為解脫？謂諸菩薩以空無相無願之法調伏其心，觀察諸法有相無相修習作證，復以相好瑩飾其身，莊嚴佛土成熟有情，此諸菩薩有巧方便善攝妙慧，名為解脫」[7]。由方便悟入究竟，其關鍵見於《智光莊嚴經》上引經文之後段，說此三解脫門應「於一句中普能攝入」，是即謂三解脫門實亦為一解脫門，對三解脫門之分別亦不應持。此中義理，具如《維摩》所言：「復有菩薩名甚深覺，作如是言：空無相無願分別為二。若諸菩薩了知空中都無有相，此無相中亦無有願，此無願中無心無意無識可轉，如是即於一解脫門，具攝一切三解脫門。若此通達，是為悟入不二法門」[8]。

　　離三解脫門之分別而以一法門攝入，只為由方便悟入究竟之第一步。上引《智》經復言：「此如是等，清淨、無垢、無著諸義，於一句中普能攝入，謂寂靜句。若寂靜即遍寂，若遍寂即近寂，若近寂即寂止，若寂止此說即是大牟尼法」，即是於攝入「一句」後復作重重深入，寂息微細分別，超過一切

6　羅什譯本作「雖行於空而植眾德本，是菩薩行；雖行無相而度眾生，是菩薩行；雖行無作而現受身，是菩薩行」。

7　羅什譯本作「何謂有方便慧解？謂不以愛見心莊嚴佛土成就眾生，於空無相無作法中，以自調伏而不疲厭，是名有方便慧解」。

8　羅什譯本作「深慧菩薩曰：是空是無相是無作為二，空即無相、無相即無作。若空無相無作則無心意識。於一解脫門即是三解脫門者，是為入不二法門」。

戲論，究竟悟入如如實性。是為「大牟尼法」，由此亦可看到
《維摩》、《智光莊嚴》二經出現幾近相同的偈頌中，所謂「牟
尼如是善修空」的意趣。更者，《維摩》的「入不二法門品」，
其實也同樣有說此「大牟尼法」的段落。經中甚深覺菩薩說
「於一解脫門，具攝一切三解脫門」已，文殊師利言——

> 時妙吉祥告諸菩薩，汝等所言雖皆是善，如我意
> 者，汝等此說猶名為二。若諸菩薩於一切法，無言
> 無說無表無示、離諸戲論絕於分別，是為悟入不二
> 法門。…
>
> 時妙吉祥復問菩薩無垢稱言：我等隨意各別說已，
> 仁者當說云何菩薩名為悟入不二法門。時無垢稱默
> 然無說。妙吉祥言：善哉善哉，如是菩薩，是真悟
> 入不二法門，於中都無一切文字言說分別。[9]

所謂「清淨、無垢、無著諸義，於一句中普能攝入」
者，其說雖善，然「猶名為二」，故仍為方便。維摩的「默然
無說」，並非對當中法義啞口無言、不懂應對，而是《智光莊
嚴》所言由攝三解脫門入一解脫門之「寂靜」已，經過「遍
寂」、「近寂」，而悟入的「寂止」。[10]是故《智光莊嚴經》

9　羅什譯本作「於是文殊師利問維摩詰：我等各自說已，仁者當說何等是菩
　　薩入不二法門。時維摩詰默然無言。文殊師利歎曰：善哉善哉，乃至無有
　　文字語言，是真入不二法門」。

10　《智光莊嚴經》中，有解說「寂靜」與「近寂」的分別，說「內謂寂靜、
　　外謂近寂」，以內之我與我所空為「寂靜」，由此而證得於外無所取為
　　「近寂」，所說即為一種修習次第：「妙吉祥，當知諸法寂靜、近寂。何
　　名寂靜。何名近寂。內謂寂靜、外謂近寂。何以故。以眼空故，我我所自
　　性亦空，此名寂靜；知眼空已，色無所取，此名近寂。以耳空故，我我所
　　自性亦空，此名寂靜；知耳空已，聲無所取，此名近寂。以鼻空故，我
　　所自性亦空，此名寂靜；知鼻空已，香無所取，此名近寂。以舌空故，我
　　我所自性亦空，此名寂靜；知舌空已，味無所取，此名近寂。以身空故，
　　我我所自性亦空，此名寂靜；知身空已，觸無所取，此名近寂。以意空
　　故，我我所自性亦空，此名寂靜；知意空已，法無所取，此名近寂。」

教授的「大牟尼法」，實亦即《維摩經》中的「不二法門」，如實悟入本來無二的真如。是亦如《智光莊嚴》所云——

> 此說真如亦名實性，此說實性亦名如性，此說如性亦即真如。真如與我而本無二亦無種類。無二義者即是菩提，菩提者覺了義。此所說義，即是證入三解脫門之智，宣說一切法智，解入一切法三世平等，一切法無破壞義。

由三解脫門為方便而悟入者，為本來清淨之法性菩提；法門之建立，乃由法界智境自然現起之大悲應化，故三解脫門實為法身之「遊戲法門」，如《智光莊嚴經》云——

> 復次，妙吉祥，如其虛空，菩提亦然；如其菩提，諸法亦然；如其諸法，眾生亦然；如其眾生，剎土亦然；如其剎土，涅槃亦然。妙吉祥，此說即是涅槃平等，為一切法畢竟邊際清淨之因，無對治離對治因，本來清淨、本來無垢、本來無著。如來了知彼一切法如是相故，現成正覺，然後觀察諸眾生界，建立清淨、無垢、無著遊戲法門，以是名字於諸眾生大悲心轉。

依此「即是涅槃平等，為一切法畢竟邊際清淨之因」之決定，三解脫門乃可理解為證悟如來藏之法門，以其基為「一切法畢竟邊際清淨之因」，其道則究竟「無對治離對治因」，而其果為「本來清淨、本來無垢、本來無著」。此菩提之清淨無垢無著，非為新得，而是法爾本來如是，所說即是如來藏思想。

上來闡述《智光莊嚴》與《維摩》二經之梵本，於布達

拉宮被繫在一起，而兩份抄本都受到同一功德主之供養寫成，
絕非巧合，而可依三解脫門為橋樑，融通二者宣說之甚深大乘
法義。

二、《智光莊嚴經》與《寶性論》

　　《智光莊嚴經》為演說如來藏思想的重要大乘經典。西
藏覺囊派（Jo nang pa）的篤浦巴尊者（Dol po pa），即列之為
「如來藏十經」之一。然而，此並非僅為覺囊派的一家之言。
於印度瑜珈行派（Yogācāra）初期，無著論師（Asaṅga）為彌
勒菩薩（Maitreya）的《寶性論》（Ratnagotravibhāga）的論頌
造註釋時，便特別引用《智光莊嚴經》以說明佛體性的八種功
德（guṇa）。漢土佛教長期忽視此經為重要如來藏經典，或多
或少說明了漢傳佛教依體用義來理解如來藏，是偏離了印度佛
教對此教法的原意。

　　《寶性論》所言佛性八種功德者，其為：一、無為
（asaṃskṛtatva）；二、無功用（anābogāta）；三、不依他覺
（aparapratyayābhisaṃbodhi）；四、智慧（jnāna）；五、慈悲
（k a r u ṇ ā）；六、力用（ś a k t i）；七、成就自利
（svāthasaṃpad）；八、成就利他（parāthasaṃpad）。無著論師
於釋論中，即廣引《智光莊嚴經》說明前六種功德，並謂「如
來之六種功德，初三種，謂無為、無功用、不依他覺等，為佛
成就『自利』功德；次三種，謂無上智慧、大悲、智悲力用
等，為佛成就『利他』功德」，如是即共為八種功德。

　　就前六種功德而言，《寶性論》總結《智光莊嚴經》的
內容如下 ──

如是六種功德，於《入諸佛境界智光明莊嚴經》中廣說，如其次第。經言──

　　文殊師利，如來應正遍知不生不滅。

如是即顯示佛之無為性相。復以九種譬喻說如來之不生不滅義，如謂無垢清淨瑠璃地中，帝釋天子身鏡像現等。經言──

　　文殊師利，如來應正遍知，清淨法身亦復如是不動、不生心、不戲論、不分別、無分別、不思、無思、不思議、無念、寂滅、寂靜、不生、不滅、不可見、不可聞、不可嗅、不可嚐、不可觸、無諸相、不可覺、不可知。

如是即說種種寂靜相。此謂如來無功用成辦事業，遠離一切戲論及分別。

經中餘分，以譬喻說佛如是自覺知一切法門，即明佛不依他而證覺。蓋一切法門，均為無上菩提真實證悟。

復次，經中說十六種菩提，唯佛所有──

　　文殊師利，如來現證如一切佛色性，得無上菩提。如來觀察眾生法性（dharmadhātu＝法界），或不淨、或不離垢、或有着，如來由是慈悲遍滿，大悲力遍現。

　　此即說佛具無上智慧及慈悲。言「如一切法色性」者，即謂如上說（一切佛）無自性；言「得無上菩提」者，即謂佛以無分別智如實證知（一切佛實相）；言「眾生」者，即謂「正

見」、「不定」、「邪見」（等三）聚。言「法性」者，即謂如來藏，與（佛）自法性之本性無別；言「不淨」者，即謂凡夫具煩惱障；言「不離垢」者，即謂聲聞及辟支佛（非全然清淨），彼等亦有所知障。言「有着」者，即謂菩薩仍有習氣；言「慈悲遍滿」者，即謂以種種方便令（有情）入成就法門；言「大悲力遍現」者，謂（佛）於平等性中諸眾生相現證菩提，令有情亦能（如佛）證悟自法性。[11]

論中所引《智光莊嚴經》之段落，見於經中卷一，法護譯本如下——

> 妙吉祥，如來、應供、正等正覺亦復如是，無動轉、無領受、無戲論，無分別、不離分別，無計度、不離計度，非思惟作意，寂靜清涼、無生無滅，無見、無聞、無嗅、無味、無觸、無想，無施設、無表了。

此中以無分別而不離分別、無計度而不離計度，來說明無為、無功用、無戲論之如來法身，法爾現起如來法身功德（色身），是為「如來無功用成辦事業」。無生之法身體性，恆常無休地法爾現起法身功德，二者非一非異、不即不離。此寂靜清涼的無二境界，卻非依觀修而新得，否則即落有為；此境界實為本然，為有情心性本具，故其證悟亦強調為「自覺知」、「不依他而證覺」。然而，引導行者自覺知之法門卻有多種，論中特別引自《智光莊嚴經》卷四的一段，對照惟淨譯本如下——

> 妙吉祥，此說即是涅槃平等，為一切法畢竟邊際清

11　依談錫永《寶性論梵本新譯》，下引同。

淨之因，無對治離對治因，本來清淨、本來無垢、本來無着。如來了知彼一切法如是相故，現成正覺，然後觀察諸眾生界，建立清淨、無垢、無著遊戲法門，以是名字於諸眾生大悲心轉。

此中所說，如來現成正等覺已而大悲建立之「清淨、無垢、無着遊戲法門」，上來已說即是三解脫門，亦即是不二法門，其意趣為「令有情亦能證悟自法性」。《寶性論釋》之引文，則並非「清淨、無垢、無着」，而是「不淨、不離垢、有着」，剛好是經文的相反。高崎直道教授認為此可能是漢譯本有誤譯[12]，然而，三種漢譯《智光莊嚴經》於此句，除上引惟淨本外，曇本作「清淨、無垢、無點」，而僧本作「清淨、無垢、無煩惱處」，可說甚為一致，若為誤譯，不應不同年代的三種譯本都犯上同樣的錯誤。隨着《智》經梵本的發現，此中疑竇便可通過比對此一經一論的梵本而得迎刃而解──

　　《寶性論》所引的《智光莊嚴經》此段，其梵本為──

> tatra mañjuśrīs tathāgatasyaivaṃrūpān sarvadharmān abhisaṃbudhya sattvānāṃ ca dharmadhātuṃ vyavalokyāśuddam avimalaṃ sāṅganaṃ vikrīḍitā nāma sattveṣu mahākaruṇā pravartata iti/

然而，《智光莊嚴經》梵本的此句，則作──

> tatra mañjuśrīs tathāgatasyaivaṃrūpāh sarvadharmān abhisaṃbuddhasya satvānāṃ ca dhātuṃ vyavalokyatah śuddhā vimalā anaṅgaṇāh vikrīḍitā nāma satveṣu mahākaruṇā pravarttate/

12　見 Jikido Takasaki, *A Study on the Ratnagotravibhāga (Uttaratantra): Being a Treatise on the Tathāgatagarbha Theory of Mahāyāna Buddhism* (1966): 160 n. 39。

　　二者對讀，可以看到三種漢譯《智光莊嚴經》於此句並
無誤譯，經文中說的確為「清淨」（śuddhā）、「無垢」
（vimalā）、「無着」（anaṅgaṇa），反而《寶性論》的引
文，則故意寫成其相反，說為「不淨」（aśuddhā）、「不離
垢」（avimala）、「有着」（sāṅgana）。

　　究其分別，《智光莊嚴經》之「清淨、無垢、無着遊戲
法門」，乃就三解脫門的建立而言，此於本文第一節已有細
詳。至於《寶性論》，由於僅於一段引文中難以貫串三解脫門
的義理，故稍作改動，將原來有關三解脫門的建立旨趣，轉為
描述凡夫、聲聞與辟支佛、菩薩三者的垢淨狀態，裨能配合論
中後品對佛、菩薩、凡夫差別的討論。以三解脫門的觀修作為
方便，而得究竟如來三身，是亦為由「不淨、不離垢、有着」
之識境，證入「清淨、無垢、無着」之如來法身色身無二智境
的「遊戲」。

　　至於《寶性論》引文中所言「經中說十六種菩提」者，
翻閱《智》經卻未見特別列出，唯於經中不同段落，都有解說
何謂「菩提」，或可作為「十六種菩提」的註腳，其為：覺了
空性、覺了無相、覺了無願、覺了無造作、覺了無著、覺了無
生、覺了無取、覺了無依、無二義、信解平等、如說句者、於
身心如實覺了、無根本、無住、非過去未來現在、無差別。[13]

13　另有說法，謂十六種菩提為：一、正遍知意清淨；二、無等正行；三、到
　　諸佛等法心無障礙；四、到不退轉法；五、不捨無邊佛事；六、安住不可
　　思議；七、向無相法；八、三世平等；九、身滿世界；十、知法無疑一切
　　智身；十一、智慧無量而為諸大菩薩受持；十二、已到諸佛無等禪那；
　　十三、究竟滿足；十四、得解脫智；十五、大慈大悲轉於法輪；十六、究
　　竟無邊有色身。然此中所舉，實出自《度諸佛境界智光嚴經》（大正‧
　　358），而此漢譯經題雖與《智光莊嚴經》相近，卻實為《如來莊嚴智慧光
　　明入一切佛境界經》（大正‧357）《入如來德智不思議境界經》（大正‧
　　359）的異譯，跟《智光莊嚴經》無直接關係。

　　引文中提到的九喻，同樣出自《智光莊嚴》。實際上，《寶性論》的第四品全品共五十五頌，完全是環繞着本經所舉之九喻，來說明何以無為之佛體性，卻能無功用、無休息於世界無分別作事業。

　　九喻中的第一喻，說帝釋天影像不生不滅。經言 ——

> 譬如吠瑠璃寶成大地相，於彼所成大地相中，而有忉利天中帝釋天主所居之處大寶勝殿… 妙吉祥，而彼吠瑠璃地本無所有，忉利諸天及彼帝釋天主所居大廣勝殿亦無所有，皆是清淨所成影像對現而亦常在，而實不生亦復不滅。

　　此所謂「影像」者，甯瑪派（rNying ma pa）即說為「自顯現」（rang snang），為本無所有之顯現。行者自心猶如帝青寶，能現起帝釋天影像，亦可現起輪涅淨染諸法。影像之隱與顯，唯依心性之垢與淨，是亦如《維摩經》螺髻梵王之所言，「仁者心有高下，不依佛慧，故見此土為不淨耳。舍利弗，菩薩於一切眾生皆平等，深心清淨，依佛智慧，則能見此佛土清淨」。此外，自顯現之影像雖無實，行者卻能依之觀修，是亦為無上瑜珈之壇城本尊觀、以至氣脈明點光明等觀修之建立基礎。《寶性論》則以下來長頌解說此喻 ——

清淨帝青寶	於其地面上	澄澈故能見	天帝諸天女
亦見勝利宮	其餘諸天眾	及彼所住處	諸天自在力
地面上所住	世界男女眾	見諸影像已	次即作祈願
願早日轉生	三十三天住	為求滿願故	勤作積善業
縱使無知見	此為影像已	然修善業故	死後亦生天
此唯是影像	無心無分別	然於地上住	能具大義利
同理諸有情	具無垢信等	於彼心影像	能見佛示現

佛於行於住	以及坐臥等	具足諸相好	及種種莊嚴
開示吉祥法	無言住入定	種種神變等	放出大光明
既見佛相已	熱切而修行	正取成就因	願證所樂境
然此佛影像	無分別無心	諸世間示現	卻具大義利
凡夫縱不知	佛乃心影像	以見佛色身	亦能得滋長
次後依此見	而入於大乘	漸開智慧眼	見內妙法身
若大地平等	其內離諸垢	是則成明澈	有如帝青寶
淨摩尼德性	表面平且淨	以其清淨故	是能見影像
諸天與眷屬	諸於帝釋宮	然而寶石地	日漸失德性
如是天影像	即不復顯現		
為求所欲境	世人守齋戒	供養香花等	求滿心中願
菩薩亦如是	心如帝青寶	見牟尼影像	歡喜向菩提
如淨帝青寶	能現天帝相	有情清淨心	亦能現牟尼
影像顯與隱	唯緣心淨垢	諸世間顯像	不取有與無

九喻中的第二喻，為法鼓喻。經言——

　　妙吉祥，又如忉利天中帝釋天主，以福力成辦故，有大法鼓出妙法音，處虛空中大廣勝殿上，彼諸天子極目徹視，不能觀見。…彼大法鼓，處虛空中極目徹視，超眼境界不可觀見，自然出聲令諸天子開明警覺，謂言：『諸仁者，色、聲、香、味、觸是無常法，汝等今時勿生放逸，無令速疾離失宮殿；諸行是苦、諸行皆空，諸法無我，勿生放逸，此苦蘊滅、佗趣復生。汝諸仁者，宜當精勤歌詠正法，遊戲法園、求法真實、愛樂正法，於正法中隨念作意，即得不離天中五欲娛樂。』妙吉祥，然彼大法鼓，無分別、無離分別，超眼境界不生不滅，出語

言道、離心意識。其大法鼓所出法音，令彼天眾常
所開覺驚怖迷亂，即入善法堂中歌詠正法，遊戲法
園、求法真實、愛樂正法，於正法中隨念作意，天
趣歿已勝處受生。… 妙吉祥，是法音聲而無其實，
如來但為一切世間權巧施設，隨諸眾生宿善業報，
如來乃為出法音聲，隨諸眾生各各意樂而生解了，
為令一切眾生皆得安樂，諸放逸者咸皆警悟。妙吉
祥，一切眾生聞法音已，皆願當得如來身相。彼新
發意菩薩及諸愚夫異生，但以如來善法出生而為所
緣，令其得聞如來法音。妙吉祥，如來、應供、正
等正覺所說不生、不滅甚深法理，應如是知。

　　法鼓具驚醒義。此喻所說，除強調佛法猶如大法鼓聲，
能驚醒耽於逸樂之天人眾，還特別強調大法鼓「自然出聲」，
所說即法身自然現起法身功德之義理，於無生體性自然生出大
悲事業。所生起之法鼓聲，其體性依然是「無分別、無離分
別，超眼境界不生不滅，出語言道、離心意識」，是故超越凡
夫識境；然亦正因為超越凡夫識境故，才堪能起驚醒之效。
對於超越一己境界之離言教法，各各有情唯有隨其意而生解。
是亦如《維摩經》所言：「佛以一音演說法，眾生隨類各得
解」，當中法義，同樣隱含上來第一喻所言之「自顯現」義。

　　此外，大乘佛典中，另有《大法鼓經》，亦為如來藏經
典。其中所說，也具此中意趣，謂佛陀之如來藏教法，甚深難
解，故為「隱覆之說」；然有情若以凡夫識境理解此「清淨純
一」之法身智境，則成曲解，故《大法鼓經》言——

　　　佛告迦葉：今此會眾，雖復一切清淨純一，然於隱
　　覆之說有不善解。迦葉白佛言：云何名為隱覆之

說。佛告迦葉：隱覆說者，謂言如來畢竟涅槃，而實如來常住不滅。般涅槃者非毀壞法，此修多羅離覆清淨，明顯音聲，百千因緣，分別開示。⋯

迦葉，汝今聽說大法鼓經。迦葉白佛言：唯然受教。何以故？是我境界故，是故如來大見敬待。⋯

諸佛世尊亦復如是，隨順眾生種種欲樂，而為演說種種經法。若有眾生，懈怠犯戒不勤修習，捨如來藏常住妙典，好樂修學種種空經，或隨句字說、或增異句字。所以者何？彼如是言：一切佛經皆說無我，而彼不知空無我義。彼無慧人趣向滅盡，然空無我說亦是佛語。所以者何？無量塵垢諸煩惱藏，常空涅槃，如是涅槃是一切句，彼常住安樂，是佛所得大般涅槃句。迦葉白佛言：世尊，云何離於斷常？佛告迦葉，乃至眾生輪迴生死我不自在，是故我為說無我義；然諸佛所得大般涅槃常住安樂，以是義故，壞彼斷常。

　　《寶性論》的論頌，大致總結了《智光莊嚴經》所說，唯亦特筆提到唯有心無垢障，始能得聞得知大法鼓之微妙法音──

諸天以彼宿生善	離諸勤作離方處
亦離身意等分別	而令法鼓響無停
法鼓響聲作調化	驚醒放逸諸天眾
示以無常及諸苦	示以無我及寂靜
佛陀在於此世間	周遍而離勤作等
為諸具福有情眾	佛音周遍而說法
譬如諸天之鼓音	天人自身業所起

牟尼世間之法音　亦由自身業而起
鼓聲離勤作方處　亦離身意故寂靜
此即猶如佛說法　亦離此四故寂靜
復如天帝城鼓音　戰事而起苦惱時
退阿修羅勝利軍　此如遊戲離怖畏
世間有情亦如是　依教說之無上道
入於四禪無色定　降諸煩惱以及苦
是於一切有情類　施予利益與安樂
具足三種神變力　佛音勝彼諸天樂
譬如耳疾者　不聞微妙音
故即天人耳　亦非能遍聞
法音極微妙　最勝智者知
唯心無垢障　始能聞其聲

九喻中的第三喻，為雲喻。經言——

　　譬如炎夏向殘雨際、初月時景方來，以諸眾生宿業報故，此大地中，一切種子，禾稼、藥草、樹林而悉成長。…妙吉祥，而彼大水非雲所有、非雲施設，但以大風吹擊，故有大水充滿大地。即彼水蘊，以其眾生宿業報力，隨時隱沒，風所攝持、風所破散，如雲注水。妙吉祥，但由眾生宿業報故，乃於空中大水流注，非雲所有、非雲施設，雲無所生、非從心入，離於來去。…妙吉祥，如來無相離諸相故，無方處不離方處，無實所成、無生無滅，如來為諸天人世間，隨宜對現廣說正法悉充足已，而彼新發意菩薩及諸愚夫異生，以宿善業報樂涅槃法而化度者，不見如來有所對現，皆謂如來入大涅

槃。妙吉祥，如來若生若滅、悉無所有，以佛如來
不生滅故。如來、應供、正等正覺本來寂靜，如來
無實；如其大水，所緣無實、雲亦無實，無生無
滅、雲無實故，乃於世間假施設有。如來諸有說法
所緣，亦復如是，而無其實、不生不滅本來如是。
如來、應供、正等正覺，於是無生法中，為諸世間
假名安立。

此說如來教法，僅為對有情大悲而作之假施設，如雲無
實而假名安立為有。是即如《金剛經》所言「若人言如來有所
說法，即為謗佛，不能解我所說故」。然而，恰如假名而立之
雲，能降下雨水潤澤禾稼樹林，有情依假施設之教法亦能超脫
生死；以假施設之生滅法，引導行者證入無生無滅之如來正等
正覺。此亦回應了《大法鼓經》所說，即有情不應以善巧方便
施設之生滅法，謂無常苦無我不淨，來否定如來證覺法身境界
之常樂我淨。

《寶性論》概括此喻，除上來所說外，還將有情如何
對待最勝乘教法之態度，分為信解、等置、誹謗三類，並將
此三類比作人道（「人」）、畜生道（「孔雀」）及餓鬼道
（「鬼」），以前二者於未能得到法雨甘霖時忍受熱苦，而
後者反而於得沾法雨時如受燒灼。然法雲降下之甘露雨，猶如
法性無有分別；燒灼有情者非為法雨，而是有情執持之分別
心。能得法雨饒益者，如得病藥，即能知所應斷、所應證、所
應修。《寶性論》頌云 ——

此即恰如雨季雲　　實為穀物豐收因
水蘊任運無作意　　雨降大地亦如是
慈悲之雲亦如是　　降下勝者正法水

此雨無分別而降　　世間善穀物之因

自佛法雲中	降八功德水	世間鹽土等	染水種種味
廣大慈悲雲	雨八正道水	種種心異境	生種種解味
最勝乘信解	有情分三類	信或置或謗	喻人孔雀鬼
夏旱無雲時	人孔雀熱苦	及至夏雨降	餓鬼燒灼苦
此喻慈悲雲	降法雨不降	有情於法性	或信樂或謗
雲降雨無心	傾盤挾雷電	其或傷細蟲	山間旅人等
智悲雲亦然	微妙或廣大	無願於我見	隨眠煩惱處
無始亦無終	輪迴於五道	五道皆無樂	如糞穢無香
所受苦無休	如被火刀傷	慈雲妙法雨	令其得寂息
天人有退墮	人有求不得	是故具智者	不求人天王
以彼般若智	能隨順佛語	此苦此苦因	此為滅苦道
知病除病因	服藥始能癒	故苦集滅道	應知斷證修

九喻中的第四喻，為梵天王喻。經言──

　　妙吉祥，彼大梵天王都無所有、無處所，無動轉、悉空無實，無文字、無音聲，無說、無性、無思、無相，離心意識、無生、無滅，為彼諸天子眾隨宜對現，以其大梵天王宿世善根願力所建立故，諸天子眾宿世善根亦成熟故。…妙吉祥，如來、應供、正等正覺亦復如是，於空自在，無有實、無文字，無音聲、無說，無性、無相狀，非思惟、離心意識，無生、無滅。如來、應供、正等正覺，但以宿昔菩薩行願力等所建立故，又以彼諸新發意菩薩及一切聲聞緣覺、諸愚夫異生等宿昔善根成熟建立故，如來乃以百千種相而為莊嚴出現世間，皆如影像，無處所、無動轉，亦無新發意菩薩、無一切聲

> 聞緣覺愚夫異生，亦無如來於空自在，無有實、無
> 文字，無音聲、無說，無性、無相狀，非思惟、離
> 心意識，無生、無滅。

此喻重申第一喻所言，梵天王之顯現如影像，依其願力
而建立，然此喻則更強調影像之體性為無所有、無處所、無動
轉、無有實、無文字、無音聲、無說、無性、無思、無相、離
心意識、無生、無滅。第一喻說影像如何自顯現於有情心識，
着重的是「所顯現」；此喻說影像如何依願力得建立，着重的
為「能顯現」。但究竟而言，都無能所，唯「離作而示現」。
是如《寶性論》頌言——

> 譬如梵天王　　梵天宮無動　　諸天之宮殿　　離作而示現
> 此即如牟尼　　其法身無動　　於諸具福者　　任運現化身
> 梵王不離宮　　常入於欲界　　為諸天人見　　令除物愛慾
> 此亦如善逝　　住法身不動　　而為諸世間　　具福者所見
> 彼見佛示現　　乃除諸垢染
> 大梵依昔誓　　具天善德力　　離作而示現　　化身亦如是
> 從天降入胎　　出生入父宮　　愛慾與享樂　　寂靜處修行
> 降魔成正覺　　轉法輪示寂　　牟尼諸示現　　未熟者不見

九喻中的第五喻，為日喻。經言——

> 復次，妙吉祥，如日光明行閻浮提，從東方出，先
> 照須彌山王，次照鐵圍山、大鐵圍山，次照餘諸大
> 山，次照黑山，次照一切高顯地方，次照一切此閻
> 浮提低下地方，然彼日光悉無分別、不離分別，非
> 思惟、非不思惟，離心意識。…妙吉祥，如來日輪
> 光明，於三界中普遍照曜，所照亦無中邊障礙。如

來所放智日光明，先照菩薩深固大山，次照住緣覺
乘諸眾生等，次照住聲聞乘諸眾生等，次照善根深
固信解眾生，次照著邊執者及邪定聚眾生。…妙吉
祥，當知為諸眾生種種意樂有差別故，如來智日光
明所照亦復差別。

此說日光本無分別，然其照耀，卻因山之高低而有先
後，由是比喻如來之智日光明亦因有情根器意樂之差別而成差
別。《寶性論》說此義理云——

如日光華同時照　　蓮華開綻睡蓮卷
花開花閉不分別　　佛日亦無功過算
佛日恆時悉周遍　　遍於法界若虛空
光華先射受化眾　　依彼德行喻為山
大日千光照世間　　依次照山高中低
勝者之日亦如是　　先照菩薩後有情
日不遍照地與空　　不破無智密林暗
具悲本性之佛日　　一毫髮中現諸色
且亦遍射光華網　　示現世間所知境
有情無眼如得眼　　具見而離諸障網
佛日智光破邪暗　　照見從來未見處

九喻中的第六喻，為摩尼寶喻。經言——

復次，妙吉祥，又如大海之中，有能圓滿一切意樂
大摩尼寶，置高幢上，隨諸眾生所有意樂，自然有
聲令其知覺隨意皆得。然彼大摩尼寶，都無分別不
離分別、非心非離心、非思惟非不思惟、離心意
識。妙吉祥，如來亦復如是　…妙吉祥，如來智寶深

> 心清淨,安置大悲最上勝幢,隨諸眾生意樂信解,
> 出妙音聲隨宜說法,令諸眾生咸得解了。如來平
> 等,於一切處住平等捨,離諸疑惑亦無差別。

此喻說如來智境無分別而不離分別,於上來已有討論。
然其不落分別之分別,實依有情意樂信解而隨宜示現,從有情
之角度來看,佛智功德便有如摩尼寶珠。故《寶性論》頌云
──

> 如摩尼寶珠　雖然無差別
> 同時能滿足　各有情意樂
> 佛如意寶珠　有情各異想
> 佛雖無差別　聞法各異見
> 摩尼寶珠無分別　任運為他現諸寶
> 牟尼利他亦無作　唯應根器長住世
> 於大海或地底求　清淨寶珠亦難得
> 應知煩惱福薄者　極難得見善逝身

九喻中的第七喻,為谷響喻。經言──

> 復次,妙吉祥,如響應聲,隨彼響聲眾生知覺,是
> 聲無實,非過去、非未來、非現在,…妙吉祥,如
> 來所出種種音聲,皆如響應,但隨一切眾生種種意
> 樂,乃出音聲隨宜施設,令諸眾生皆得解了…離心
> 意識,一切處平等,離諸分別出過三世。妙吉祥,
> 如來隨諸眾生種種信解,種種意樂,出妙音聲隨宜
> 說法,令諸眾生咸得解了。

此喻如來之音聲,體性有如空谷回響,既非實有、亦非
無有,非內亦非外,依有情心識相隨宜施設。

《寶性論》頌云 ——

> 彼空谷回響　依他識相起　離功用分別　非內非外住
> 如來聲亦然　依他心識相　離功用差別　非內非外住

九喻中的第八喻，為虛空喻。經言 ——

> 妙吉祥，如來、應供、正等正覺，離心意識，無尋
> 伺、無觀示，無思惟、無作意，於一切處住平等捨悉
> 無差別。譬如虛空，於一切處，無高無下亦無差別、
> 無生無滅，非過去、未來、現在，無色相、無戲論，
> 無表示、無繫著、無稱量、無比喻，無安立、無所
> 取，超眼境界離心意識，乃至超越諸語言道，於一切
> 處悉無所住。復次，妙吉祥，眾生相狀有下中上故，
> 乃謂虛空有下中上。如來、應供、正等正覺亦復如
> 是，一切處平等無差別分別，無生無滅，非過去、未
> 來、現在，無色相、無戲論，無表示、無施設，無覺
> 觸、無繫著，無稱量過諸稱量，無比喻超越比喻，無
> 住、無取，超眼境界、離心意識，無狀貌、無文字、
> 無音聲、無作意，無出無入，無高無下、超言境界，
> 於一切處隨知隨入，但為眾生有下中上性，故見如來
> 有下中上。…如來說法亦復如是，但以一音為眾生
> 說，隨眾生類各得解了。

此說如來智境猶如虛空，於一切處住平等捨、悉無差
別，超過一切凡夫識境之戲論、尋伺、稱量、繫着等。若以為
如來智境具戲論高下差別等，那只是因為凡夫持着具戲論高下
差別等之心識以觀如來智境。《寶性論》頌云 ——

> 本無一物無顯現　無對境亦無依止

抑且超越眼識境　空中無色不可見

似見虛空有低昂　而彼虛空實非是
所見佛陀種種身　實在佛陀非若此

九喻中的第九喻，為大地喻。經言——

> 譬如世間依止於地，由地安立，一切樹林、藥草悉
> 得生成廣多增長，然彼大地都無分別不離分別，一
> 切處平等，無差別分別，離心意識。一切眾生亦復
> 如是，依止如來，皆由如來之所安立，一切善根悉
> 得生成廣多增長，所謂聲聞乘、緣覺乘、菩薩乘，
> 及餘外道、梵志、尼乾陀等，一切邪外總略，乃至
> 邪定聚眾生，彼彼所有善根，皆悉依止如來安立，
> 悉得生成廣多增長。然佛如來都無分別不離分別，
> 一切分別非分別所緣作意皆悉斷故。

最後一喻，說大地之無分別令樹林、藥草等種種不同草
木，都得以茂盛增長，由此比喻如來大悲能讓聲聞、緣覺、菩
薩、外道，以至邪定聚眾生，悉得依其各各根器之教法而令智
慧增長。《寶性論》頌云——

> 草木之所依　無分別大地
> 於此得生長　廣大且繁茂
>
> 世間諸善根　亦如是依止
> 無分別大地　而能得長養

於闡釋過九喻義理已，無著菩薩於《寶性論釋》，另以
八頌重明喻義如下——

> 佛離功用種種業　非我凡夫可察見

為受教化者除疑	是故說此九譬喻
此九譬喻之義理	依彼經題已廣說
是即九種譬喻義	能明其中之密義
聽聞經義能生起	廣大光明之莊嚴
具足智慧菩薩眾	速悟入諸佛境界
為此說之為九喻	帝釋影響帝青寶
以及其餘諸譬喻	於其要義須應知
示現教說與周遍	變化以及智出離
佛意語身秘密業	證得大悲之本性
如來智慧無分別	相續功用得寂息
以此喻為帝釋天	影像生於帝青寶
以離功用而立宗	無分別智慧是因
帝釋影像等為喻	如是證成立宗義
今且略明立宗義	此說九種示現等
怙主已離生與死	示現皆離諸功用

復以下來四頌總攝諸譬喻如下——

喻如帝釋天鼓雲	梵日寶王響空地
利他事業無功用	唯知方便智者知
示現有如寶石影	佛之善說如天鼓
佛之智悲雲壇城	周遍至於有頂天
佛日不動無漏處	如梵王現諸化身
佛智如日放光明	佛意清淨摩尼寶
佛語如響離文字	佛身如空常且遍
佛地則喻如大地	世界善法藥根基

另有三頌解說如來無功用且無間作種種示現——

心淨有如帝青寶　　如是即為佛現因
以其心能持清淨　　不壞信根而增長
以此淨之具不具　　由是佛身有顯隱
此則有如帝釋天　　佛法身實離生滅
是故示現等事業　　離功用而成化現
法身不生亦不滅　　盡輪迴際常示現

最後以七頌說各喻之關聯 ——

上來已總說諸喻　　彼之次第實說明
前譬喻之相違處　　須依後譬喻以除
佛體性喻如影像　　然影像卻無音聲
佛音喻之如天鼓　　天鼓不能普利他
佛利他喻為雨雲　　雲不能存具義種
後者復如梵天王　　梵王終不能成熟
成熟因喻為大日　　日非畢竟破黑暗
破暗雖如摩尼寶　　摩尼寶王非稀有
此復譬喻為谷響　　谷響亦由緣起生
非緣起生如虛空　　虛空卻非功德依
佛喻地輪說為基　　善業成就所依處
無論世間出世間　　此非大地能肩荷
此世法依佛菩提　　生起清淨事業道
四禪以及四無量　　四無色等深禪定

　　無著菩薩的總結，解釋九喻中，第一、帝釋影像比喻佛
色身示現；第二、法鼓比喻如來之善說；第三、雲雨比喻佛智
周遍；第四、梵王比喻如來功德離作示現；第五、大日比喻遍
照無差別；第六、摩尼寶比喻佛之清淨意密；第七、谷響比喻
佛離言之語密；第八、虛空比喻無差別周遍之身密；第九、大

地比喻究竟佛地。《寶性論釋》前引文，謂《智光莊嚴經》「復以九種譬喻說如來之不生不滅義，如謂無垢清淨瑠璃地中，帝釋天子身鏡像現等」。依此，我們可以將九喻，理解為通過各種不同對功德的比喻，來彰顯如來之不生不滅義。因此，佛體性的八種功德中，「無為」由第一影像喻攝；「力用」由第二法鼓喻攝；「智慧」由第三雲喻攝；「慈悲」由第四梵天王喻攝；「成就自利」由第五大日喻攝；「成就利他」由第六摩尼寶喻攝；「不依他覺」由第七谷響喻攝；「無功用」由第八虛空喻攝；至於第九大地喻，則總攝各種功德。

九種譬喻，並非九種不同功德，而是由九個不同角度，來認識由無生佛智法身現起的大悲如來功德。《智光莊嚴經》於《寶性論》中，佔着非常重要的位置。值得注意的是，這部專論如來藏思想的論典，所依的大乘佛經，包括《如來藏經》、《勝鬘經》、《不增不減經》等，但若論篇幅而言，則以《智光莊嚴經》為重中之重。然而，《智光莊嚴經》全經未有提及「如來藏」、「佛性」等名相，亦未見有論及一切眾生都具如來智、如來眼等說法。此經着重說「無生、離戲論之如來法身，法爾現起恆常周遍之大悲功德」，其實已說如來藏義，唯今人但以名相治學、僅將如來藏思想定義為有情皆具「如來之胚胎」等，便無可理解何以《寶性論》如此倚重《智光莊嚴經》來闡明如來藏的義理。

三、《智光莊嚴經》與《無所緣尊讚》

現存梵本及藏譯本的《智光莊嚴經》第四品，有四十句讚頌。此四十頌唯見於惟淨譯，於曇本見有九頌，僧本則全缺。這或許跟第五品與《維摩》相同偈頌情況一樣，全四十頌

僅見於較為後出的梵本，而於曇摩流支所處的五世紀末，當時流通的《智》經梵本，第四品尚只有九句讚頌。

惟淨譯本的四十頌，另有漢譯獨立流通，名《大聖文殊師利菩薩讚佛法身禮》[14]，出自唐不空的譯筆，屬八世紀的翻譯，比惟淨譯本早了二百年。此不空譯本，一開始即說明「此禮出大乘一切境界智光明莊嚴經」。於此，且將惟淨譯與不空譯對列如下 ——

	惟淨譯：	不空譯：
1	無形顯色無狀貌 是中無滅亦無生 無住亦復根本無 無所緣尊今讚禮	無色無形相 無根無住處 不生不滅故 敬禮無所觀
2	以無住故無出入 亦復無彼諸分位 已能解脫六處長 無所緣尊今讚禮	不去亦不住 不取亦不捨 遠離六入故 敬禮無所觀
3	一切法中無所住 有性無性皆遠離 諸行平等得圓成 無所緣尊今讚禮	不住於諸法 離有離無故 行於平等故 敬禮無所觀
4	已能出離於三界 虛空平等性中住 世間諸欲不染心 無所緣尊今讚禮	出過於三界 等同於虛空 諸欲不染故 敬禮無所觀

14　收大正no. 1195。

	惟淨譯：	不空譯：
5	三摩呬多常安處 行住坐臥亦復然 諸威儀事妙肅成 無所緣尊今讚禮	於諸威儀中 去來及睡寤 常在寂靜故 敬禮無所觀
6	平等而來平等去 平等性中妙安住 不壞平等性法門 無所緣尊今讚禮	去來悉平等 已住於平等 不壞平等故 敬禮無所觀
7	大聖善入平等性 諸法皆住等引心 遍入無相妙法門 無所緣尊今讚禮	入諸無相定 見諸法寂靜 常在三昧故 敬禮無所觀
8	大聖無住無所緣 定中高積慧峯峻 普遍諸法得圓成 無所緣尊今讚禮	無住無所觀 於法得自在 慧用常定故 敬禮無所觀
9	眾生威儀及色相 語言音聲亦復然 普能示現刹那間 無所緣尊今讚禮	不住於六根 不著於六境 常在一相故 敬禮無所觀
10	大聖已離於名色 於蘊界法亦普斷 復能善入無相門 無所緣尊今讚禮	入於無相中 能斷於諸染 遠離名色故 敬禮無所觀
11	大聖善離於諸相 諸相境界亦遠離 已能善入無相門 無所緣尊今讚禮	不住於有相 亦離於諸相 入相於無中 敬禮無所觀

	惟淨譯：	不空譯：
12	無所思惟無分別 淨意亦復無所住 無諸作意無念生 無所緣尊今讚禮	無分別思惟 心住無所住 諸念不起故 敬禮無所觀
13	譬如虛空無含藏 已離戲論無所著 其心平等復如空 無所緣尊今讚禮	無藏識如空 無染無戲論 遠離三世故 敬禮無所觀
14	譬如虛空無中邊 諸佛法性亦如是 已能超越三世門 無所緣尊今讚禮	虛空無中邊 諸佛心亦然 心同虛空故 敬禮無所觀
15	諸佛猶如虛空相 即此虛空亦無相 已能解脫事及因 無所緣尊今讚禮	諸佛虛空相 虛空亦無相 離諸因果故 敬禮無所觀
16	一切法中無依止 如水中月無所取 無我相亦無音聲 無所緣尊今讚禮	不著於諸法 如水月無取 遠離於我相 敬禮無所觀
17	大聖不依止蘊法 界處諸法亦復然 已能解脫顛倒心 無所緣尊今讚禮	不住於諸蘊 不著於處界 遠離顛倒故 敬禮無所觀
18	大聖已離於二邊 亦復斷除於我見 法界平等得圓成 無所緣尊今讚禮	常等於法界 我見悉皆斷 遠離二邊故 敬禮無所觀

	惟淨譯：	不空譯：
19	色相名數已解脫 亦復遠離不正法 無取無捨平等心 無所緣尊今讚禮	不住於諸色 非取亦非捨 遠離非法故 敬禮無所觀
20	已能超越諸魔法 一切法中悉通達 妙入無障礙法門 無所緣尊今讚禮	證無障礙法 通達於諸法 遠離魔法故 敬禮無所觀
21	正智不說諸法有 亦復不說諸法無 無語言道無發生 無所緣尊今讚禮	非有亦非無 有無不可得 離諸言說故 敬禮無所觀
22	聖不依止於二法 久已摧折我慢幢 解脫二無二法門 無所緣尊今讚禮	摧折我慢幢 非一亦非二 遠離一二故 敬禮無所觀
23	所有身語意過失 大聖久已普除斷 不可譬喻不可思 無所緣尊今讚禮	身口意無失 三業常寂靜 遠離譬喻故 敬禮無所觀
24	大聖無轉無發悟 一切過失悉遠離 智為先導遍所行 無所緣尊今讚禮	一切智常住 應現無功用 遠離諸過故 敬禮無所觀
25	無漏淨念最微妙 實不實法悉了知 亦無繫著無思惟 無所緣尊今讚禮	微妙無漏念 無限無分別 等情非情故 敬禮無所觀

	惟淨譯：	不空譯：
26	大聖於心無所緣 而能遍知一切心 亦無自他想念生 無所緣尊今讚禮	以心無礙故 悉知一切心 不住自他故 敬禮無所觀
27	無所緣中有所緣 於一切心不迷著 無障礙法已圓明 無所緣尊今讚禮	無礙無所觀 常住無礙法 遠離諸心故 敬禮無所觀
28	大聖於心無所緣 亦復自性無所有 無心平等得圓成 無所緣尊今讚禮	心常無所緣 自性不可得 平等難量故 敬禮無所觀
29	大聖不依於智法 而能遍觀諸剎土 一切眾生行亦然 無所緣尊今讚禮	以無所依心 悉見諸剎土 知諸有情故 敬禮無所觀
30	智者於心無所得 是中亦復畢竟無 於一切法正遍知 無所緣尊今讚禮	諸法薩婆若 畢竟無所有 佛心難測故 敬禮無所觀
31	知一切法皆如幻 即此幻亦無所有 已能解脫幻法門 無所緣尊今讚禮	諸法由如幻 如幻不可得 離諸幻法故 敬禮無所觀
32	正覺雖行於世間 亦不依止於世法 復無世間分別心 無所緣尊今讚禮	佛常在世間 而不染世法 不染世間故 敬禮無所觀

	惟淨譯：	不空譯：
33	大聖於彼空中行 由空所成空境界 空與非空聖所宣 無所緣尊今讚禮	一切智常住 空性空境界 言說亦空故 敬禮無所觀
34	現大神通起化事 悉依如幻三摩地 離種種性遍入門 無所緣尊今讚禮	證無分別定 得如幻三昧 遊戲神通故 敬禮無所觀
35	了知非一非多性 若近若遠無所轉 無高無下平等心 無所緣尊今讚禮	非一亦非異 非近亦非遠 於法不動故 敬禮無所觀
36	金剛喻定現在前 一剎那中成正覺 遍入無對礙法門 無所緣尊今讚禮	一念金剛定 剎那成等覺 證無影像故 敬禮無所觀
37	雖知涅槃無所動 亦於三世善調伏 具足種種方便門 無所緣尊今讚禮	於諸三世法 成就諸方便 不動涅槃故 敬禮無所觀
38	於彼一切眾生類 善解智慧及方便 然亦不動涅槃門 無所緣尊今讚禮	涅槃常不動 無此岸彼岸 通達方便故 敬禮無所觀
39	大聖無相無發悟 已離戲論無對礙 無我故無對礙心 無所緣尊今讚禮	無相無所有 無患無戲論 不住有無故 敬禮無所觀

	惟淨譯：	不空譯：
40	已離疑惑無過失 無我我所亦復然 於一切處正遍知 無所緣尊今讚禮	智處悉平等 寂靜無分別 自他一相故 敬禮無所觀[15]

　　至於曇摩流支所譯的九句，即現梵本及惟淨譯本第1-2、4-7、14-15、31、32諸頌——

　　　　無色無性相　無根無住處
　　　　不生不滅故　敬禮無所觀　　　1

　　　　不住亦不去　不取亦不住
　　　　遠離六入故　敬禮無所觀　　　2

　　　　出過於三界　等同於虛空
　　　　諸欲不染故　敬禮無所觀　　　4

　　　　於諸威儀中　去來及睡寤
　　　　常在寂靜故　敬禮無所觀　　　5

　　　　去來悉平等　以住於平等
　　　　不壞平等故　敬禮無所觀　　　6

　　　　入諸無相定　見諸法寂靜
　　　　常入平等故　敬禮無所觀　　　7

15　不空譯本於四十句頌後，復有結頌：「一切平等禮　無禮無不禮　一禮遍含識　同歸實相體」，然後有流通分如下：「爾時世尊讚文殊師利菩薩言。善哉善哉。汝今善說如來功德一切諸法本來清淨。文殊師利假使有人。教化三千大千世界一切有情。成辟支佛。不如有人聞此功德一念信解。即超過彼百千萬倍。如是展轉無能稱讚譬喻挍量。具如本經所說。」

虛空無中邊　諸佛身亦然
心同虛空故　敬禮無所觀　　14

諸佛虛空相　虛空亦無相
離諸因果故　敬禮無所觀　　15

諸法猶如幻　而幻不可得
離諸幻法故　敬禮無所觀　　31

佛常在世間　而不染世法
不分別世間　敬禮無所觀　　32

　　不論是四十句抑或是九句，第四品末的這些讚頌，都可視為整部《智光莊嚴經》的攝頌，亦即全經的陀羅尼（dhāraṇī）[16]。《智光莊嚴》全經分作五品，第一品為序分；第二品釋無生及九喻；第三品說三解脫門及菩提性；第四品以讚頌總攝全經義理；第五品為後分。以此陀羅尼可作攝持經中法義故，乃可作獨立流通。

　　四十句頌都以「無所緣尊今讚禮」（niralamba namo 'stu te）作結。於印度後期的中觀宗，如法自在（Dharmendra）的《真實心髓集》（Tattvasārasaṃgraha），都有引用其中部分讚頌，但卻說為出自龍樹菩薩所造的《無所緣尊讚》（Niralambastuti）[17]。阿底峽尊者（Atiśa）於《菩提道燈釋難》（Bodhimārgadipapanjika）的第二品，解說「無上供養」時，亦提到「聖龍樹阿闍黎說：一切法空中，誰讚於何讚？盡

16　「陀羅尼」的意思為「總持」，非作「咒」解。此可參看《入無分別總持經》（Avikalpapraveśa-dhāraṇī）。詳見談錫永、沈衞榮、邵頌雄著譯《聖入無分別總持經對勘及研究》（台北：全佛出版社，2005）。

17　Chr. Lindtner (1982), p. 13.

離生與滅，更無中與邊，超離能與所，於此何能讚？」[18]。阿底峽尊者的引文，雖然不是逐字照搬，卻明顯是出自四十句讚頌中的頌1、頌14、頌19等，而亦同樣說為龍樹造頌。此外，相傳為龍樹造論的密乘論典《五次第》（*Pañcakrama*），亦有引用部分讚頌。

然而，此所謂龍樹所造的《無所緣尊讚》，應屬誤傳。名為《無所緣尊讚》的讚歌，既不見於梵本，亦不見於漢藏翻譯。龍樹讚歌中，卻有《無可喻讚》（*Niraupamyastava*）及《超讚嘆讚》（*Stutyatitastava*[19]），內容都有與此四十句讚頌有相近之處[19]，這或許就是誤傳的由來。但這種誤傳，多少說明了此四十句頌於印度，曾以單篇獨立流通，而被誤作為龍樹的論著。

綜觀此四十句讚頌，主要讚禮「無所緣」此境界，並以其他於經中已詳說的法義加以配合，此如無生、無滅、如虛空、空性、無相、無住、無分別、如幻、平等、離戲論等。其中特別強調的，為諸佛法性猶如虛空，離中亦離邊（「譬如虛空無中邊　諸佛法性亦如是」），亦為離戲論、無所着。然而，頌義亦非僅說一邊。此如本文一再指出《智光莊嚴經》強調如來功德依無生體性之法身法爾現起，法身與功德二者無可分割，非一非異，是為勝義菩提心兩份之究竟雙運，於此四十頌中，同樣有多頌說此義理，如云「大聖於心無所緣　而能遍

---

18 譯文引自釋如石《菩提道燈抉微》（台北：法鼓文化，1997）頁84。藏譯原文：Slob dpon 'Phags pa Klu sgrub kyi zhal nas kyang/ Chos rnams thams cad stong pa la/ gang la bstod cing gang gis bstod/ skye dang 'jig pa rnam spang shing/ gang la mtha' dang bus med pa/ gzung dang 'dzin pa mi mnga' ba'i / 'dir ni khyed bstod nus pa gang/ zhes gusngs so//

19 參邵頌雄著譯《龍樹讚歌集密意》（台北：全佛，2015）。

知一切心」、「無所緣中有所緣　於一切心不迷著」、「大聖
於彼空中行　由空所成空境界」等等。

　　所謂「大聖於彼空中行　由空所成空境界　空與非空聖所
宣　無所緣尊今讚禮」，若納於如來藏教法的道名言來說，即
是說「空如來藏空智」與「不空如來藏空智」二者。所證入的
空境界，本來如是，亦為有情心性本具；此「空所成之空境
界」，即是離戲論之如來法身所成之大悲功德。如來法身說為
「空」，如來法身之功德則「不空」；然所謂「不空」者，非
說其為實有，而僅說之為法爾現起，如大法鼓音，復如日光之
於大日，具見經中所說。此雙運境界，其實即是如來藏，亦正
由於此，《智光莊嚴》雖全經未提「如來藏」此名相，印、藏
論師皆視之為最重要的如來藏經典之一。

　　然而，「如來藏」者亦無非為名相，學人不宜執之以為
與大乘空觀、真如法性等有所分別。實際而言，此中說「無所
緣中有所緣　於一切心不迷著」，跟《金剛經》謂「應無所住
而生其心」並無二致。「應無所住」者，即「無所思惟無分
別　淨意亦復無所住」、「一切法中無依止　如水中月無所
取」，而「而生其心」者，則是「現大神通起化事」、「由空
所成空境界」、「而能遍知一切心」、「無所緣中有所緣」
等。菩薩修心，即應如是以「無所緣而緣」之抉擇為基、以
「無所住而生其心」之觀修為道、以「金剛喻定現在前　一剎
那中成正覺」、「大聖於心無所緣　而能遍知一切心」、「大
聖不依於智法　而能遍觀諸剎土」為果。若認為《金剛經》屬
《般若》系列，故定性為「空宗經典」，而《智光莊嚴經》則
另列之為「如來藏系經典」，則為對大乘教法的割裂，於空性
義理及如來藏義理都妄作增損。

實修而言，密乘觀修壇城本尊的生起，其生起所依之「三等持」（ting nge 'dzin gsum），便是三解脫門的具體修習。其中「真如等持」（de bzhin nyid kyi ting nge 'dzin）為空解脫門、「遍現等持」（kun tu snang ba'i ting nge 'dzin）為無相解脫門、「因等持」（rgyu'i ting nge 'dzin）為無願解脫門。三者亦為通往現證法報化三身的方便。按《智光莊嚴經》的說法而言，依大瑜珈（Mahāyoga）修「三等持」為「寂靜」；依無上瑜珈之大瑜珈（Ati-Mahāyoga）修「三等持」則已入「遍寂」；由「三等持」觀修而證入法報化三身境界，為「近寂」；究竟現證三身唯一（gcig pu），法身與法身功德圓滿雙運、法身與色身無二，始為「寂止」之「大年尼法」境界。

依此，乃可理解何以阿底峽、法自在等密乘上師，都特別提到本經。於十四世紀時，西藏佛教甯瑪派的重要祖師龍青巴尊者（Klong chen rab 'byams pa）於造《實相寶藏論》（gNas lugs rin po che'i mdzod）時，依「無有、平等、圓成、唯一」四義，解說如如法性之本性（gnas lugs），然當中義理，實亦不離四十句讚頌中「一切法中無所住，有性無性皆遠離，諸行平等得圓成」、「聖不依止於二法，久已摧折我慢幢，解脫二無二法門」等句。由此亦更可理解這部長期被忽略的大乘契經之寶貴。

四、結論

本文分三節，分別討論《智光莊嚴經》與其他大乘契經的關涉、印度論師如何理解此經，以及經中陀羅尼讚頌的流通及如何作為實修的指引。

　　此經跟《入無分別總持經》皆為如來藏的重要經典。二者為覺囊派篤浦巴尊者臚列「如來藏十經」中的其中兩部，而兩者都全經未有提及「如來藏」的名相。《入無分別總持》通過四重掘寶為喻，帶出一切有情本具猶如摩尼寶的如來藏；至於《智光莊嚴經》，則着重以如來法身及其法爾功德來闡明如來藏的體性。

　　對「如來藏」法義的理解，其實亦應通過種種角度來切入，而不是只強行將之定義為「真常唯心」、「場所哲學」，又或只認識為有情都有成佛的本能。各各大乘契經對如來藏的闡述，都有不同的側重。此如《如來藏經》主要以萎蓮花中之佛、蜂腹內之蜜糖、皮殼中之果實、糞穢中之黃金、貧家地下之寶藏、菴摩果中之種芽、破衣裹佛像、貧女懷轉輪王胎、模中之黃金像等九喻，說明有情如來藏為煩惱覆蓋之義理；《不增不減經》着重說如來藏即如來法身境界，而法身雖為第一義諦，卻不離煩惱藏；《勝鬘夫人經》則說明如來藏為如來空智，而有「空」與「不空」兩份；《楞伽經》點出如來藏為佛內自證智趣境，以及如何能現證此離言境界的法門次第。如是等等，皆為引導行者抉擇如來藏體性的種種方便。《寶性論》正是依不同契經帶出不同角度，加以綜合來闡明如來藏思想。

　　然而，勒那摩提翻譯的《寶性論》，卻因譯師自身的宗見執持、譯文與梵本原意的歧異等，致令造論者的本懷一直隱晦，而如來藏思想於漢土亦因各家詮釋的家風、體用義的恪守，而同樣一直頗受曲解及增損。隨着《智光莊嚴經》梵本重見天日，祈願如來藏的真實義亦得破暗而普照世間。

譯本說明

譯本説明

本經漢文異譯有三本，藏譯則只一本。漢文異譯依譯文略與廣，列名如下——

一、《度一切諸佛境界智嚴經》一卷，梁僧伽婆羅等譯（簡稱僧伽本）。

二、《如來莊嚴智慧光明入一切佛境界經》二卷，元魏曇摩流支譯（簡稱曇摩本）。

三、《佛說大乘入諸佛境界智光明莊嚴經》五卷，一至三卷宋法護譯、四至五卷宋惟淨譯（簡稱法護本或惟淨本）。

僧伽婆羅所譯應為梵文略本，餘二譯則應據梵文廣本。不過其所據廣本亦應有差別，二譯比較，曇摩譯複文較多，法護、惟淨譯省去一些複文，但卻增廣了一些文字，所以二譯的字數約略相同。

複文較多，可能是為了便於行者一邊看經，一邊隨着經文去觀修，因為觀修時要作抉擇與決定，所以便不須翻閱前文，只依複文觀修即可。關於行者邊看經文邊觀修，有一個很明顯的證據。妙吉祥友尊者有一篇《妙吉祥真實名誦教授》，這是修此經的儀軌，其中每段觀修皆有指示，由第幾頌修至第幾頌，這便是看着經文來觀修的實例。

法護惟淨本的增廣，有些學人認為是梵文傳播時陸續加入，其實未必然，假如將曇摩本視為中本，法護等譯才是廣本，那麼後者的增廣便很合理，因為梵文傳播歷來便有廣中略三本之例，這在佛經傳播中實在是常見的事，例如《般若經》

的傳播，便有廣中略等本，只因漢譯將此三者滙集而譯，讀者便沒有留意到廣中略本的分別，但在藏譯中三者卻分別得很清楚。例如《十萬頌般若》、《二萬五千頌般若》、《八千頌般若》等。

廣中略本的成形，有人以為是先有略本，然後增益為中本，再增益為廣本，這猜想未必合理。實察的情形應該是恰恰相反，行者先依廣本觀修，傳法的人為了提供方便，於是將表義相同的經文刪去了一些，這樣便依刪去的篇幅多少，成為中本與略本。若認為先有略本然後增益，那便是增益經文，尊重佛經的人必然不敢增益。因為刪減亦不損其密意，倘若增益，那便是非佛所說，傳經者必沒有這麼大膽。

比較本經此二譯的譯文，可以說是各有所長，有時曇摩本能譯出密意，有時法護等譯本能譯出密意，筆者在註疏時，便依能譯出密意者而疏。甚至有時僧伽本譯得簡明超勝，筆者亦據此而疏。

藏文譯本題為：'*Phags pa sangs rgyas thams cad kyi yul la 'jug pa'i ye shes snang ba'i rgyan ces bya ba theg pa chen po'i mdo*，由天王菩提（Surendrabodhi），智軍（Ye shes sde）譯出，收為德格版第100號，北京版第768號。筆者註疏未有參考藏譯，此實因目力體力已皆不濟之故，尚期讀者原諒。

正文

《智光莊嚴經》

梵名： *Ārya-sarvabuddhaviṣayāvatāra-*
jñānālokālaṃkāra-nāma-mahāyāna-sūtra

藏名： *'Phags pa sangs rgyas thams cad kyi yul la*
'jug pa'i ye shes snang ba'i rgyan ces bya
ba theg pa chen po'i mdo

漢名：聖入一切諸佛境界智慧光明莊嚴大乘經

【疏】　先解經題。

　　　　漢譯經題以法護譯本最為完備，譯為《佛說大乘入
　　　　諸佛境界智光明莊嚴經》，與根據梵文所譯的漢名
　　　　完全相同。

　　　　說為「入一切諸佛境界」，那便是說無論甚麼時
　　　　空、無論那一個生命成佛，只要是佛，便一定是同
　　　　一境界。所以才說為「一切諸佛」的境界。

　　　　知道這點非常重要，假如說成佛必定在人間，那便
　　　　違反了釋迦之所說，違反了釋迦在了義經中（例如
　　　　在本經中）屢屢說及的大平等性。

　　　　成佛者如何成佛，是由本覺生起一個智境，現證這
　　　　個智境，所以這個智境便是諸佛的同一境界。這即

是說，無論誰人成佛，無論法界中那一個生命形體成佛，都由現證這同一的智境而成。《入楞伽經》便將這個智境稱為「佛內自證智」（svapratyātma-jñāna-gocara）境界。

釋迦將這佛內自證智境界施設為「如來法身」，法身不可思議，不成顯現，因此釋迦便將如來法身施設為「如來藏」，這樣便可以說到如來法身的顯現。如來藏是法身，即是智境，在智境上有兩種色身生起，藉此生起，如來藏便成顯現。這可以以太陽為例，太陽對我們來說不成顯現，但它的光與熱卻成顯現，我們便將這兩種顯現說為太陽。

這樣，如來法身可以顯現為報身與化身，報身諸佛即是淨土諸佛，此如東方不動佛、西方阿彌陀佛；化身諸佛即是穢土諸佛，此如釋迦牟尼，與及香積佛等。

這樣一來，便可以用智慧、光明、莊嚴來說一切諸佛的境界。用智慧來說法身的境界，用光明來說報身的境界，用莊嚴來說化身的境界。當這樣說時，必須了知諸佛境界其實唯一，現在只是根據顯現與不顯現來作了別，法身不顯現唯是智境；兩種色身佛的報身，凡所顯現皆可說為法界光明；色身佛的化身，凡所顯現皆可說為法界莊嚴。

現在我們便知道經題實說兩事，一是，佛內自證智境界唯一，並不是每一個佛都有自己的不同證智境界，因此才能說「入一切諸佛境界」，一入即入一切；一是，佛內自證智境界雖然唯一，但卻可以依

智境中的三身，分別說其本質：智慧是法身的本
質、光明是報身的本質、成為法界莊嚴是化身的本
質，莊嚴即是裝飾，化土中一切事物無非都是法界
的裝飾。

再用龍樹論師的《三身讚》來作說明（此處所引是
邵頌雄的譯文），並分段加以解釋——

　　非一亦非多　　大殊勝利益自他之基
　　非事非無事　　難證自性一味如虛空
　　無染復無動　　寂靜無等周遍無戲論
　　自證諸勝者　　法身無可譬喻我頂禮　　1[1]

此第一頌是頌法身。法身唯一，但是法身與報身及
化身恆時雙運，所以便說為「非一」，施設法報化
三身可以說是多，然而，既然雙運，是亦唯一，所
以便說為「非多」。此如我們的手，唯一，只是一
隻手，但卻可以分為手掌與手背，因此當說手時不
能將手理解為一，因為必然有手掌與手背的分別，
但我們也不能將手說為多，因為雖有手掌手背，但
到底只是一隻手。

由於法身有功德，所以法身上有色身顯現，成立種
種淨土與種種世間，由是即有種種事物（包括能顯
現的具體事物，不成顯現的抽象思惟與概念），只
是法身上的光明與莊嚴，這些顯現一切如幻，因此
不能說此為真實的存在與顯現，所以在法身中可以
說為「非事」，然而法身藉此而成顯現，亦不能說

1　參邵頌雄譯《龍樹讚歌集密意》，台北全佛文化，2015。下同。

為無事，所以當讚嘆法身時，便亦應說為「非無事」。

至於法身，這智境上雖然有色身顯現，色身顯現中有種種污染，同時具有以分別為自性的識境，但是法身卻不受污染，亦不動搖（不因識境顯現而令智境變動），因此諸佛境界中智慧的一分，雖然恆時與光明及莊嚴雙運，這智境依然清淨。也可以說，法身的智慧唯藉光明與莊嚴而成顯現（「密嚴」的境界），智慧依然是智慧。

由這一頌，可以理解本經所說的智慧。

> 出世不思議　自和合妙善百行之果
> 具慧者之樂　眷屬中生起種種示現
> 恆常勝義法　於諸世間普發大音聲
> 圓滿受用身　住於法之勝境我頂禮　　2

此第二頌是頌報身。報身是如來法爾功德所現起的圓滿色身，稱為「圓滿受用身」，本頌最後一句說：「圓滿受用身，住於法之勝境我頂禮」，即是說明，此圓滿受用的報身住於法身之上，諸佛境界中的光明便是「**法之勝境**」。能夠得到圓滿受用，是「**妙善百行之果**」，此說能得報身，是得到圓滿的福德資糧。能得此資糧，是行者作妙善百行而得的果報。此如《理趣般若》所言——

> 佛報身者，謂諸如來，三無數劫，修集無量福德資糧。所起無邊真實功德，常住不變。諸根相好，智慧光明周遍法界，皆從出世無漏善根

之所生故，不可思議，超過世智，純熟有情。
為現茲相，演無盡法，廣利無邊。

從顯現來說，周遍法界的智慧光明，可以說是報身
佛的無邊真實功德，此如《阿閦佛國》經所言，在
國土中無日月光，因為佛光明已能無障礙普照佛
土，這便是阿閦佛的功德。由於有此智慧光明，我
們才能在光明中對事物作了別，所以這智慧光明亦
稱為「明分」，說為了別分。不過還要知道，例如
我們每個人的面貌都不相同，指模瞳孔都不相同，
或者說遺傳因子都不相同，這亦是由於我們具足如
來功德的了別分（明分），此亦即是智慧光明，只
不過這光明非我們肉眼所能見。

不只光明，依報土功德還可以得到眷屬圓滿，而且
眷屬得到法樂。此如世親論師於《佛地經論》所說
——

如是淨土眷屬圓滿，於中止住，以何任持？廣
大法味喜樂所持。

這便是本頌第二句所說，眷屬得樂是由於「具慧」，
「生起種種示現」，是故圓滿。

頌中說恆常勝義法，即是說依於法身的恆常光明，
由此光明示現為「大音聲」，在佛經中，依「聲音
陀羅尼門」，聲音就是光明，光明亦即聲音，所以
才說「於諸世間普發大音聲」。此如說阿彌陀佛的
淨土，非佛身說法，只由法器發出聲音而說法。這
便是去除化土的言說，令聞法者不由言說而入歧

途，例如由聞「空」而樂於證空，一如佛所斥責的
方廣道人，這也可以說是報土中的享用圓滿。

　　為成熟有情　寂靜顯現猶如熾燃火
　　復於餘他眾　現為證覺法輪及寂滅
　　以種種方便　諸相入於三有除怖畏
　　周遍於十方　一切能仁化身我頂禮　　　3

此第三頌是頌化身。化身顯現如來的大悲分，因為
如來有功德，一切世間才能生起，在化身中重要的
是生機，稱為現分（snang ba）。假如沒有生機，一切
事物，甚至思想都不成顯現。《理趣般若》說——

　　為彼有情隨所應化故，現無量阿僧企耶諸佛
　　化身。

頌文說「寂靜顯現猶如熾燃火」，便是說寂靜的法
身，顯現為有如熾燃火的大悲方便，用以度脫化身
世間的眾生。要理解這些世間眾生，須要超越時空
來理解，不只是我們這個世界是化身境界，其實於
法界中，無論任何時空的任何世間，都是化身境
界；不光是我們這個世界的眾生是化身眾，無論任
何時空的任何世間眾生都是化身眾。這便是頌文所
說的「以種種方便，諸相入於三有除怖畏。」

佛還施設種種方便，令化身眾得解脫，所以便在化
土中示現「證覺法輪」，令化生眾得以寂滅。如
是，未得寂滅，以至得寂滅的化身眾，連同其世間
的一切法，便成為法身中的大悲莊嚴。

脫三世間行　諸事自性平等如虛空
清淨而寂靜　行者證自性真實勝寂
難以得現證　難察自他利遍證無相
離繫唯一身　勝者無等樂身我頂禮　　4

此如第四頌是頌三身無分別，不能分割三身來理解一切諸佛境界。因為綜合來說，一切諸佛境界其實只是如來法身與法身功德雙運的境界[2]，此可說為勝義世俗兩種菩提心雙運，亦可說為菩提心的智悲雙運，凡成佛，必須同時現證三身無分別，如是始能現證雙運。

正由於此，所以說「諸事自性平等如虛空」，這是出離世間而說，亦即不依世間的觀點而說，所以是「脫三世間行」。世間一切事自性平等，因為都以法身的本性（施設為空性）為自性，故說「如虛空」。以虛空譬喻法身，因為釋迦說譬喻法身唯有虛空此喻。所以說「諸事自性平等如虛空」並不是依理論而建立，而是實修的現證。行者現證的虛空，不是空間，只是可喻為虛空的一個境界，所以亦不是天空。

甯瑪派觀修大圓滿道，次第如下——

　　一、由生起次第現證化身，由圓滿次第現證報身，由生起圓滿二者雙運，現證化身報身兩種色身雙運，由是現證如來法身功德與

2　報身光明，化身莊嚴都藉法身功德而轉起，所以法身與功德雙運，便即是法身與兩種色身雙運。

世間一切法雙運。

二、再以此現證為世俗，依「直指教授」現證
　　此世俗與如來法身雙運，如是即入三身無
　　分別，這便是如來藏的境界，也可以說是
　　深般若波羅蜜多、不二法門的境界，一般
　　說為「殊勝勝義菩提心」與「殊勝世俗菩
　　提心」雙運境界。如是種種異名，即是本
　　經所說的一切諸佛境界。

龍樹的讚頌，說「清淨而寂靜」，說「自他利遍證無
相」，即分別說法身中的報身，法身中的化身。更說
「離繫唯一身」，即是說三身不可分割，無分別平等
而成為一身。龍樹說此為「勝者無等樂身」，「無等
樂」是更無可與之相等的樂。

前分

【疏】　本經的發起，是說釋迦以報身說法。於諸佛經中，釋迦凡說了義經，或加持別人來說了義，多現報身相而說，因此其說經的境界便超越了化身境界，本經便是一個例，《密嚴經》亦與此同例。至於得佛加持的經，例如《維摩詰經》、《勝鬘經》即是。所以我們讀這類經典，不可依化身境界來衡量經文顯現的境界。

有些人曾對筆者批評佛經，說佛經很「神化」，所以認為迷信，由是不肯讀佛經，這些人便是依據自己的心識來理解佛經，他們不知道有報身與化身的分別，所以便唯依一己之所知，而不能打破自己的心識局限。希望讀經的人能理解這點。

一、眷屬聚會

【法護譯】 　如是我聞：一時，世尊在王舍城鷲峯山半月妙峯法界殿中，與大苾芻眾二萬五千人俱，皆阿羅漢。一切漏盡離諸煩惱，心善解脫、慧善解脫，如大龍王，諸所應作修作已辦，去除重擔逮得己利，盡諸有結心智解脫，諸心自在到於彼岸，阿若憍陳如等十八大聲聞，而為上首。

復有七百二十萬俱胝那庾多菩薩摩訶薩眾，其名曰：妙吉祥童真菩薩摩訶薩、財吉祥菩薩摩訶薩、覺吉祥菩薩摩訶薩、藥王菩薩摩訶薩、藥上菩薩摩訶薩等，是諸菩薩皆悉善轉不退轉法輪，悉於寶積方廣正法而善請問。住法雲地，其慧高廣猶若須彌，善能觀察一切法空、無相、無願，無生、無起、無性、照明廣大甚深法理善威儀道。而諸菩薩皆是各各世界百千俱胝那庾多諸佛如來遣來至此，悉能出生諸神通事，安住諸法自性清淨。

【曇摩流支譯】 如是我聞：一時婆伽婆住王舍城鷲頭山中第四重上法界藏殿，與大比丘眾二萬五千人俱，皆是阿羅漢。諸漏已盡，無復煩惱，心得自在。善得心解脫、善得慧解脫，心善調伏。人中大龍，應作者作、所作已辦，離諸重擔，逮得己利。盡諸有結善得正智，心解脫一切、心得自在到第一彼岸。復有阿若拘隣等八大聲聞而為上首。

復有菩薩摩訶薩七十二億那由他，其名曰：文殊師利法王子菩薩摩訶薩、善財功德菩薩摩訶薩、佛勝德菩薩摩訶薩、藥王菩薩摩訶薩、藥上菩薩摩訶薩等。皆住不退轉地，轉大法輪，善能諮問大方廣寶積法門，位階十地，究竟法雲，智慧高大如須彌山。善修習空、無相、無願，心不生相，一切皆得大甚深法、智慧光明、皆悉成就佛威儀行。此諸菩薩摩訶薩眾，皆是諸佛神力所加，從於他方百千萬億那由他諸佛世界而來集會，皆得成就諸神通業、皆悉安住法性實際。

【僧伽婆羅譯】 如是我聞：一時佛住王舍城耆闍崛山頂法界宮殿上，與大比丘眾二萬五千人，皆是阿羅漢，諸漏已盡無復煩惱。心善解脫、慧善解脫，調伏諸根摩訶那伽。所作已辦、可作已辦，捨於重擔，已得自事義，有結已盡心得自在，其名曰阿若憍陳如等，及八大聲聞。

復有七十二億那由他菩薩摩訶薩，其名曰：文殊師利菩薩、行吉菩薩、佛吉菩薩、藥王菩薩、常起菩薩摩訶薩等，能轉不退法輪、善問無比寶頂修多羅等。住法雲地，智慧如須彌山，常修行空、無相、無作，無生、無體深法光明，功德圓滿威儀具足，無數那由他世界如來所遣，有大神通，住無性相。

【疏】　先說說法之地，鷲峯山半月妙峯法界藏殿，此中，「鷲峯山」是化身境、「半月妙峯」是報身境、「法界藏殿」是法身境。三者合一，即法報化三身無分別的境界。故由此說法之地，即已顯示全經的主旨。聞法的眷屬，是大羅漢與大菩薩。諸大羅漢都已得解脫，甚至已得羅漢涅槃；諸大菩薩都是十地菩薩，已能說法，且能觀修空、無相、無願、無生、無起、無性，由是得大甚深法智慧光明，成就佛威儀而行。這些菩薩還不只是來自我們世間的菩薩，他們是得無邊世界的無數諸佛加持而來此土，因此，是各各報土與各各化土的菩薩大聚會。

上首菩薩的名號，常常即能顯示一經的主題，問法菩薩的名號尤其重要，本經是妙吉祥菩薩，是故應一說其名號。妙吉祥的妙（Mañju，文殊）是如來法身的境界，不作顯現，不可思議，不落言說，是故為妙；吉祥（Śrī，師利）是如來兩種色身的境界，成就報身，一切法顯現為光明，亦即聲音；成就化身，一切法顯現為法界的種種莊嚴，是故吉祥。其餘四位上首菩薩，其名號亦有具足三身的表義，今且不贅。

如是，說法之地與及聞法眷屬，由其表義都可見一切諸佛境界。

二、世尊放光召眾

【法護譯】 爾時，世尊即作是念：「此諸菩薩摩訶薩眾
具大威德，為求法故，從殑伽沙數等大威德
世界，迅疾如風來此集會。我今應為開明宣說
廣大正法。或現光相廣大照曜。復令此諸菩薩
摩訶薩眾，於此會中聞所說法請問其義。」

爾時，世尊即放光明，遍照十方不可思議如
微塵等三千大千世界。

【曇摩流支譯】 爾時，世尊作如是念：「我今轉于無上法輪，
欲令諸菩薩摩訶薩速疾生於大智慧力，又復欲
令恒河沙等諸世界中有大威德、大神通力菩薩
來集。」時佛世尊復作是念：「我為說大方廣
法門，欲現瑞相放大光明。何以故。欲令一切
諸來菩薩摩訶薩等皆悉諮問我所說法。」

爾時，世尊念已，放大光明雲，普照十方阿
僧祇不可思議三千大千微塵數等世界。

【僧伽婆羅譯】　爾時世尊作是思惟：「是諸菩薩摩訶薩，從恒河沙等世界而來至此，我當為其說法令得大力，當現神通相放大光明，以諸菩薩當問我故。」

【疏】　世尊發意說法，因為來集的眷屬，是從恆河沙數（法護譯「殑伽沙數」）大威德世界而來。「大威德」是能調伏諸惡，生起眾善，這便是淨土功德。世尊因此放大光明，周遍十方不可思議三千大千世界，這些世界當然已經超越了我們的識境。放光的目的是令來此聚會的諸菩薩得以聞法，世尊當為他們宣說大方廣法門，也即是普攝佛乘一切法義的法門。佛乘通攝聲聞、緣覺、菩薩三乘。

【法護譯】　即時十方一一方分，各有十佛剎不可說如微
塵等百千俱胝那庾多菩薩摩訶薩眾來此集
會，一一菩薩各現不可思議菩薩所有神通，而
來到佛會已，各以不可思議妙色供養而供養
佛，各各處自願力出生蓮花座中瞻仰世尊。

【曇摩流支譯】　即時十方一一世界十十不可數佛國土百千萬
億那由他微塵數等菩薩摩訶薩俱來雲集。一
一菩薩各以菩薩神通力故，所有一切不可思
議最勝供養供養諸佛。彼諸菩薩一一各以本
願力故，在如來前昇蓮華座，至心觀佛，瞻
仰而住。

【僧伽婆羅譯】　爾時世尊放大光明，普照十方無量不可思議三千大千微塵世界。爾時十方一一方面十佛世界，有不可說千萬億那由他微塵等諸菩薩，各從本界乘不可思議無量神通，而來集此，復以不可思議供具供養如來，隨意所造蓮華座於佛前坐，瞻仰世尊目不暫捨。

【疏】　因世尊放光，是故便有十方諸佛剎土的菩薩來此聚會。他們由神通力生起妙色供養世尊，且由本願力生起蓮花座而坐，這裡說的十方諸佛剎土。經文說為「十方一一方分，各有十佛剎」（曇摩譯「十方一一世界十十不可數佛國土」），只是「無量」的意思，不可鑿實為十方又有十方，此十方更有十方（十十）。佛只能依我們這個世間的言說而說，我們這個世界有十方分（上下四方四隅），因此才說十方，更說十方分別各有十方，如是便開展無量世間。於佛境界中實無方分，亦非十十建立而成無量。

【法護譯】 是時，法界殿中自然出現大寶蓮花藏師子之座，縱廣正等阿僧祇俱胝由旬，次第高顯，以眾光明摩尼寶所成、以電光明摩尼寶而為界道、不思議光明摩尼寶為蓮花莖、無比喻摩尼寶而為間錯、超越譬喻光明摩尼寶作殊妙鬘、自在王摩尼寶網垂覆其上，豎立種種光明摩尼寶蓋及寶幢幡。而彼大摩尼寶蓮花藏師子座上，普遍出現十阿僧祇百千俱胝那庾多光明，其光普照十方世界。

【曇摩流支譯】 即時法界藏殿上有大寶蓮華藏高座從地踊出，縱廣億那由他阿僧祇由旬。其華形相上下相稱，以一切光明摩尼寶為體、電光摩尼寶為周匝欄楯、不可思議光明摩尼寶為莖、不可思議摩尼寶以為眷屬、過諸譬喻光明摩尼寶以為垂纓、自在王摩尼寶以為羅網、種種摩尼寶以為間錯，懸諸無量寶蓋幢幡。彼大寶蓮華藏高座周匝俱放十阿僧祇百千萬億那由他光明，是光爾時遍照十方無量世界。

【僧伽婆羅譯】　是時於法界宮殿上，起大寶蓮華師子藏座，縱廣無量億由旬，無量光明摩尼珠所成。電燈摩尼珠為交絡、不可思議力摩尼珠為竿、以無譬喻摩尼珠為眷屬、過諸譬喻摩尼珠所莊嚴、以自在王摩尼珠為蓋、以雜摩尼寶廁填，懸種種色幡，彼大摩尼珠圍遶，出十種無量億那由他光明，遍照十方世界。

【疏】　即時法界殿中踊出縱廣無量的「大寶蓮花藏師子座」，經中說此座具足種種光明摩尼寶，遍現無量光明。摩尼寶是如意寶，能如人意生出種種莊嚴妙飾，是即化身，能放光明，是為報身，於法界殿中自然踊出，是即此座本然，是為法身。如是即由施設此寶座來顯示三身無分別的諸佛境界。

由一寶座即現一切諸佛境界，離相依離相對而現，即是密意。

【法護譯】　是時，十方一一方分，有十佛剎不可說微塵數等百千俱胝那庾多天、龍、夜叉、乾闥婆、阿修羅、迦樓羅、緊那羅、摩睺羅伽、帝釋、梵王、護世天等，皆來集會。

是中或有處寶樓閣，與不思議百千俱胝那庾多天女眾等奏妙音樂；或處妙花所成樓閣、或處龍堅栴檀香所成樓閣、或處真珠所成樓閣、或處大金剛寶所成樓閣、或處金剛光明摩尼寶所成樓閣、或處渾金所成樓閣、或處一切光明積集摩尼寶王所成樓閣、或處自在王摩尼寶所成樓閣、或處如意寶所成樓閣、或處帝青摩尼寶所成樓閣、或處大海之中清淨莊嚴普遍光明大摩尼寶所成樓閣，皆有阿僧祇不思議百千俱胝那庾多天女眾等，奏妙音樂乘空而來。到佛會已，皆以不思議無等比超越分量諸妙供養。供養佛已，各各於自願力出生座中瞻仰世尊。

【曇摩流支譯】 即時十方，於一一方有十億不可說佛國土，百千萬億那由他微塵數等天、龍、夜叉、乾闥婆、阿修羅、迦樓羅、緊那羅、摩睺羅伽、四大天王、釋提桓因、梵天王等皆來集會。

彼諸天等各各皆乘寶殿樓閣，一一皆有不可思議阿僧祇天女作百千萬億那由他種種伎樂娛樂，而來到於佛所。復有諸天、龍等，各各皆乘華殿樓閣來詣佛所。復有諸天、龍等，各各皆乘憂羅伽娑羅栴檀香殿樓閣來詣佛所。復有諸天、龍等，各各皆乘真珠寶殿樓閣來詣佛所。復有諸天、龍等，各各皆乘種種綵殿樓閣來詣佛所。復有諸天、龍等，各各皆乘金剛光明摩尼寶殿樓閣來詣佛所。復有諸天、龍等，各各皆乘閻浮那提金寶殿樓閣來詣佛所。復有諸天、龍等，各各皆乘集一切光明摩尼寶殿樓閣來詣佛所。復有諸天、龍等，各各皆乘自在王摩尼寶珠殿樓閣來詣佛所。復有諸天、龍等，各各皆乘如意寶珠殿樓閣來詣佛所。復有諸天、龍等，各各皆乘帝釋王頸下瓔珞摩尼寶珠殿樓閣來詣佛所。復有諸天、龍等，各各皆乘持清淨大海普放千光明大摩尼寶珠殿樓閣來詣佛所。

如是等輩，各各皆有不可思議阿僧祇天女，作百千萬億那由他種種伎樂娛樂，而來到於佛所。到已，俱作過一切世間不可思議、不可稱、不可量、不可數種種伎樂，供養如來。彼諸天等以本願力，隨座所須自然具足，却坐一面，至心觀佛，瞻仰而住。

【僧伽婆羅譯】　爾時不可說百千萬億那由他微塵等數，天、龍、夜叉、乾闥婆、阿修羅、迦樓羅、緊那羅、摩睺羅伽，釋、梵、四天王，從十方十佛世界來集於此。復有諸天乘寶頂宮殿，無數不可思議天女，作百千萬億那由他妓樂，亦來集此。復有諸天乘寶華宮殿、龍寶栴檀神珠宮殿、真珠宮殿、寶衣宮殿、金光明摩尼珠宮殿、閻浮提金宮殿、無量光明摩尼珠宮殿、自在王摩尼珠宮殿、如意摩尼珠宮殿、覆帝釋摩尼珠宮殿、大海聚清淨寶莊嚴普光明大摩尼珠意頂宮殿，與無數不可思議千萬億那由他天女，作諸妓樂而來集此。咸以無數不可思議供具供養於佛，供養佛已各隨意坐，瞻仰世尊目不暫捨。

【疏】　寶座踊出後，復有無數佛國的無數眷屬，天龍八部及天人等齊來聚會。這裡要留意，說天龍八部及天人，應知不唯是我們這個世間所有，無數佛國亦同時各有其天龍八部及其天人，一如說不唯我們這世間有能仁、不唯我們這世間有佛。他們的天龍八部及人天眾對我們不顯現，其形相亦與我們世間不同，但他們卻實存在於法界中。要理解一切諸佛境界中的顯現，必須如是理解，這樣，我們才不會以我們的世界為獨尊[3]，否則即不能說法界的大平等性。說大平等性是本經重要的主旨。

3　現在科學家尋找外星的生命，要依人的條件來認證，便是以我們的世界為獨尊。

【法護譯】 時此三千大千世界，悉成閻浮檀金殊妙色相，自然出現種種摩尼寶莊嚴樹、妙衣服樹、龍堅㫋檀香樹，妙寶所成電光明摩尼寶網垂覆其上，豎立寶蓋及寶幢幡。其諸樹間皆有阿僧祇百千俱胝那庾多天女，執持半身真珠瓔珞，或復執持摩尼寶鬘。

【曇摩流支譯】 爾時，三千大千世界大地即成閻浮檀金，種種摩尼寶樹莊嚴世界，種種天華樹、種種衣服樹、種種憂羅伽娑羅栴檀樹、種種香樹莊嚴世界，電光摩尼寶以為羅網，遍覆三千大千世界，建大寶幢，懸諸幡蓋。彼諸樹中一一皆有百千萬億那由他阿僧祇天女，皆現半身，兩手俱持百千萬億諸寶瓔珞供養而住。

【僧伽婆羅譯】　是時，三千大千世界皆作閻浮提金色，以種種摩尼珠為樹，天華樹、寶衣樹、龍寶栴檀樹所莊嚴，日月電燈等摩尼珠為交絡，遍覆世界懸種種幡，無數千萬億那由他天女，持種種瓔珞種種寶華。

【疏】　接着，一切三千大千世界皆成「閻浮檀金殊妙色相」，並有種種摩尼寶莊嚴，遍覆一切三千大千世界[4]，且有無數天女執持瓔珞而住。「閻浮」具名「閻浮提」（Jamba-dvīpa），意為叢林地，所以漢土亦將寺苑稱為叢林。佛經將此名暗指天竺，意思是善妙的世間，這裡說一切世間都成閻浮提的檀金殊妙色相，即是說一切世界都顯現為殊妙莊嚴相。諸天女所現亦是殊妙莊嚴相。

佛經凡說報身，都常依化身境界的言說而說，這樣才能令我們能超越心識而理解，所以當說《觀無量壽經》時，亦說有樹木、水池、道路、法壇等等，這些都是言說，我們不可認為這是化身的顯現，因為這些都是用化身言說來說報身相。不理解這一點，又會將經文視為神化。

4　說「一切三千大千世界」，即是不同時空各有不同的三千大千世界，讀本經必須如是理解，一如上來所說十方，否則便對經文所說的「周遍」無所體會。

三、寶座出聲請佛說法

【法護譯】　　　時彼大摩尼寶蓮花藏師子座中，自然有聲說
伽陀曰：

| 人中王來就此座 | 本從福力所出生 |
| 普令眾願悉圓成 | 勝二足尊願攝受 |

| 此我身相寶所成 | 中一寶謂蓮花座 |
| 隨其意樂人中尊 | 能滿諸願救世者 |

| 今此寶成蓮花座 | 於此世間最殊妙 |
| 為俱胝眾說法門 | 聞者皆令得此座 |

| 汝身出現千光相 | 普遍照曜諸世間 |
| 我觀此相歡喜生 | 願佛今就我此座 |

| 速就座已攝受我 | 此座數有八俱胝 |
| 今自然智牟尼尊 | 登座普攝諸群品 |

【曇摩流支譯】 爾時,彼大寶蓮華藏大師子座中出妙音聲而
說偈言:

> 我依佛力生　　本願今成就
> 願人王來坐　　奉戴兩足尊
>
> 我此身唯寶　　華淨眾所樂
> 寶成由佛力　　願尊滿我願
>
> 坐師子華藏　　嚴世界及我
> 說法多眾聞　　逮得師子座
>
> 我身千光明　　照無量世界
> 願尊坐我上　　生我歡喜心
>
> 於此說法處　　已坐八億佛
> 願尊今速坐　　攝受利益我

【**僧伽婆羅譯**】　爾時從大寶蓮華師子座，出此伽陀：

汝等今安坐　　我當說真實
人王師子座　　如來功德造

我今日願滿　　供養兩足尊
世尊今當坐　　七寶蓮華座

當放大光明　　照我及一切
說無上妙法　　利益諸天人

眾生聞法者　　當坐師子座
如是大光明　　從如來身出

照無量世界　　令一切歡喜
導師天中天　　今當攝受我

我昔於此處　　已值八億佛
唯願今世尊　　必哀愍攝受

【疏】

彼大摩尼寶師子座自然發聲，說出偈頌（gāthā，伽陀）。偈頌說寶座是由佛功德而成，那即是說，由如來法身功能而成，是即由能成立生機的現分、與能成區別的明分（gsal ba）而成。寶座自言已經八億佛所坐，說八億佛，實在是說三世無數佛陀，因為如來法身功德超越三世而恆常，而且唯一，所以無量世界的無量諸佛，凡說入諸佛境界，都等如坐在唯一的蓮花師子座上。佛的說法，即是「出現千光相」，而且「普遍照曜諸世間」，不可鑿實其為化身境界的言說。

如是說三身無分別、三身唯一。正由於唯一，所以經文後來才說大平等性，既然唯一，自然平等。

四、妙吉祥請法

【法護譯】　爾時，世尊從本座起，即於寶蓮花藏師子座上加趺而坐，普遍觀察一切菩薩人天大眾，為諸菩薩欲當宣說最上妙法。

爾時，一切大菩薩眾咸作是念：「若我今時得聞妙吉祥童真菩薩請問如來、應供、正等正覺不生不滅甚深正法，斯為慶幸。」

爾時，妙吉祥童真菩薩先在會中，知諸菩薩摩訶薩眾心之所念，即從座起，前白佛言：「世尊，如佛所說不生不滅，此所宣說當是世尊何法增語。」即說伽陀而伸請問：

> 不生與不滅　　此是佛所說
> 大慧相云何　　於此中宣演
>
> 若法不生滅　　即無見無因
> 佛大牟尼尊　　復云何宣說
>
> 此十方菩薩　　諸佛故遣來
> 求大智法門　　願尊說正法

【曇摩流支譯】 爾時，世尊從本座起，即昇大寶蓮華藏大師子座結加趺坐，觀察一切菩薩摩訶薩眾，欲為菩薩說勝妙法，即便現相。

即時一切菩薩摩訶薩眾作是思惟：「文殊師利法王子應為我等諮問如來、應、正遍知不生不滅法門，以我等輩從久遠來已曾聞此勝妙法門。」

爾時，文殊師利法王子見如來相、知諸菩薩摩訶薩眾心思惟已，即白佛言：「世尊，何等法門名不生不滅。」

即說偈言：

佛說無生滅　　彼釋何等相
何法不生滅　　願說喻相應

菩薩為智慧　　承諸佛神力
無量世界來　　願說勝妙法

【僧伽婆羅譯】 爾時世尊從光明座起，坐寶蓮華藏師子座，結加趺坐，觀諸菩薩眾皆悉已集，為發起諸菩薩故，當說空法。

爾時諸菩薩作是思惟：「此文殊師利童子菩薩，當問如來不生不滅，我等從久遠來不聞此法。」

是時文殊已知如來欲說法相，及諸菩薩心所思惟，即白佛言：「世尊，無生無滅法者，其相云何。」文殊師利說此祇夜：

> 無生無滅　云何可知
> 大牟尼尊　當說譬喻
>
> 此諸大眾　皆已來集
> 樂聞此義　願佛解說
>
> 今諸菩薩　諸佛所遣
> 亦皆樂聞　微妙法相

【疏】 世尊離開本座，移坐於寶蓮花藏師子座，那便即是離開報身佛境界，入一切諸佛的三身無分別境界，欲宣說最上妙法。是時諸菩薩眾，都希望妙吉祥菩薩能向佛問「正等正覺不生不滅甚深正法」。「正等正覺」是佛的本覺，覺到的境界是佛的本智，宣說本智，便是「甚深正法」。我們看到「正等正覺」、「甚深正法」等言說時，一定會以為是聽起來就覺得深奧的法門，誰知卻只是問「不生不滅」，這是一個經典中的熟語，見慣聽慣，不以為有甚麼深奧，本經便正是藉着這樣一個我們自以為熟識的名相，來演說入諸佛境界。我們以為熟知其實只是成見，對不生不滅的真實了知，才是入一切諸佛境界法門的鑰匙。

妙吉祥菩薩承諸眾念，於是問佛，「不生不滅」是演說甚麼法門的言說（「何法增語」）。所問有二：一者，不生不滅是何等智慧相；二者，若一切法不生不滅，那便無見（凡夫見不到不生不滅的現象）、無因（生滅有因，無生無滅時即無因），是應如何宣說。

由於生滅是化身境界常見的現象，所以才有第一問，問不生不滅相；對生滅無所見應如何宣說。復次，若不見生滅，即不能成立一切世間現象，因為已無生住滅因，此又應如何宣說，這是第二問。下來佛說不生不滅，即依這兩個問題來宣說。

說發起分竟。

正分

一、不生不滅——入諸佛境界的鑰匙

【法護譯】　爾時,世尊讚妙吉祥童真菩薩摩訶薩言:「善哉善哉。妙吉祥,汝今善能請問如來如是義理。如汝意者,廣為多人作大利益,悲愍世間令其修行普得安樂,復能利樂諸天人眾。今此所來諸大菩薩摩訶薩眾,為得佛地故,不生恐怖,是處施作亦無所畏、復無驚悚。妙吉祥,彼等皆得實智所攝。如來今此說如是法,所謂不生不滅。妙吉祥,不生滅者,此說即如來增語。

【曇摩流支譯】　爾時,佛告文殊師利法王子言:「善哉善哉。文殊師利,汝能問佛此甚深義。文殊師利,汝為安隱無量眾生、能與無量眾生種種快樂,復能憐愍無量眾生、廣能利益無量眾生、與無量眾生人天之樂、為諸菩薩摩訶薩等究竟佛地。文殊師利,汝於此義莫驚、怖畏。文殊師利,我為汝說不生不滅法,當依智解。文殊師利,不生不滅法者,即是如來、應、正遍知。

【僧伽婆羅譯】　佛告文殊師利：「善哉善哉，汝今所問，能大利益一切世間，令諸菩薩得作佛事。文殊師利，汝當諦聽勿起驚疑。文殊師利，不生不滅即是如來。

【疏】　世尊於答問之前，先說「不生不滅即是如來」。法護譯為「即是如來增語」，意思與「即是如來」相同，「增語」即指為「如來」一詞加以增上，增加一些定義，此處是增加「不生不滅」作為「如來」的定義。

說「不生不滅即是如來」，等於說不生不滅這個境界，即是如來的境界。也可以說：如來境界便是不生不滅的境界。對如來境界我們無所見，此便即是不生不滅的智慧相。

【法護譯】

「譬如吠瑠璃寶成大地相，於彼所成大地相中，而有忉利天中帝釋天主所居之處大廣勝殿。而彼天主常處其中受天五欲，勝妙快樂、嬉戲自在。彼諸天眾呼彼閻浮提中若男、若女、童男、童女一切人眾，謂言：『善來，汝等且觀帝釋天主大廣勝殿，天主於中受勝妙樂。汝等來此廣行布施，修作福事、積集戒行。汝等當知，今此帝釋天主所居大廣勝殿神通具足，汝等宜應修作福事，願當獲報如彼天主，安處天宮受勝妙樂。』

「是時閻浮提中，若男、若女、童男、童女一切人眾，見此吠瑠璃寶所成大地帝釋天主大廣勝殿，見已合掌，執持香花向空散擲，作如是言：『願我等當來亦獲是相，如帝釋天主居廣勝殿，受勝妙樂嬉戲自在。』然彼人眾而悉不知影像對現瑠璃大地，忉利天中帝釋天主大廣勝殿清淨所成猶如影像。妙吉祥，彼帝釋天主以廣行布施，修作福事、積集戒行，宿善根力廣成熟故，感彼天中勝妙宮殿。妙吉祥，而彼吠瑠璃地本無所有，忉利諸天及彼帝釋天主所居大廣勝殿亦無所有，皆是清淨所成影像對現而亦常在，而實不生、亦復不滅。

【曇摩流支譯】 「文殊師利，譬如大地大毘瑠璃所成，形相猶如三十三天所住之處。彼大地中見三十三天釋提桓因并善法堂影現分明，及見天王釋提桓因天中所有五欲境界、戲樂等事，一切皆見。爾時，諸天唱告一切男子、女人、童男、童女，作如是言：『汝等可來觀此天王釋提桓因善法之堂及天王所有五欲境界、戲樂之具。』復作是言：『諸善男子、善女人等，汝當布施、持戒、種諸善根，皆當得此善法堂處及以天中五欲境界、戲樂之具，當作天王，并得果報及神通力，如釋提桓因，隨其所有五欲境界，畢竟成就、必得受用。』

「文殊師利，爾時，彼諸善男子、善女人、童男、童女等，於彼大毘瑠璃地中見三十三天釋提桓因善法之堂及五欲境界、戲樂之具影現分明，即各散華，合掌供養，作如是言：『如彼釋提桓因身并善法堂及彼天中五欲境界，我亦應得。』

「文殊師利，而彼眾生皆悉不知三十三天善法之堂、釋提桓因及五欲境界如是等事，一切皆依大毘瑠璃地中而現。何以故。大毘瑠璃地清淨故，一切影像悉現其中。文殊師利，而彼眾生為求天王帝釋身故，所有修行布施、持戒、種諸善根，皆悉迴向三十三天。文殊師利，而大毘瑠璃地中實無有彼三十三天善法堂、釋提桓因及以五欲境界等事，以大毘瑠璃寶地清淨鏡像現故。彼三十三天善法之堂、釋提桓因五欲境界，以不實故，不生不滅，以大毘瑠璃寶地清淨鏡像現故。

【僧伽婆羅譯】 「文殊師利，譬如大地瑠璃所成，帝釋毘闍
延宮殿供具等影現其中。閻浮提人見瑠璃地
諸宮殿影，合掌供養燒香散華：『願我得生
如是宮殿，我當遊戲如帝釋等。』彼諸眾生
不知此地是宮殿影，乃布施持戒修諸功德，
為得如此宮殿果報。文殊師利，如此宮殿實
無生滅，以地淨故影現其中；彼宮殿影，亦
有亦無，不生不滅。

【疏】　　不生不滅的智相無可見，是故妙吉祥請世尊用譬喻來說，此處即用帝釋天的「帝青寶」為喻，來說明一切法其實只是影像，既是無實的影像，當然便不能將其顯現與消失說為真實的生滅。

帝青寶是帝釋天中的一塊大瑠璃，於中可以顯現一切現象，是故即能見到帝釋天中種種相，如帝釋主的宮殿眷屬等，假如帝釋天眾呼喚閻浮提中一切人眾，讓他們來看帝釋天境象，並叫他們布施修福，由帝釋天主的神通力，即能令他們生於帝釋天中。於是閻浮提眾便向帝釋天頂禮散花，祈求往生，他們並不知道所見的只是一個影像，還以為自己真的見到帝釋天這個世間，所見影像實在不生，亦復不滅，這便是不生不滅的境界。

佛家經論說不生不滅，常由如夢如幻來說，甯瑪派祖師龍青巴尊者在《龍青心髓》中說，如夢故不生、如幻故不滅，即與說影像不生不滅同義。在現代可以用螢光幕為例，螢光幕中的影像並非真實生起，亦非真實泯滅，這便有如夢境，以及魔術師之所演變，都非實在。

【法護譯】 「妙吉祥，一切眾生亦復如是，以清淨心如
實觀想，如來即為對現身相；復以如來威神
力故，令諸眾生得見如來。然本無實，不生
不滅、無性非無性、無見非無見、非世間非
非世間、無狀貌非無狀貌。

「妙吉祥，一切眾生但以如來對現影像而為
所緣，散擲香花、衣服、妙寶而為供養，作
如是言：『願我當來獲勝妙報，同彼如來、
應供、正等正覺。』彼諸眾生求佛智故廣行
布施，修作福事、積集戒行，迴向願當得如
來智。

【曇摩流支譯】　「文殊師利，如是，如是。一切眾生依清淨心如實修行見如來身，文殊師利，一切眾生依如來加力故見如來身。而如來身不實，不生、不滅，非有物非無物、非可見非不可見、非可觀非不可觀、非有心非無心、非可思議非不可思議、非有非無。

「文殊師利，一切眾生依於如來清淨法身鏡像力故，得見如來清淨法身，奉施寶衣、散華、燒香，合掌供養而作是言：『我亦應得如來、應、正遍知清淨法身。』文殊師利，而彼一切眾生為求如來清淨法身，布施、持戒、種諸善根，以此善根求如來智，迴向阿耨多羅三藐三菩提。

【僧伽婆羅譯】　「文殊師利，眾生見佛亦復如是。以其心淨故見佛身，佛身無為，不生不起不盡不滅，非色非非色，不可見非不可見，非世間非非世間，非心非非心。以眾生心淨見如來身，散華燒香種種供養：『願我當得如是色身。』布施持戒作諸功德，為得如來微妙身故。

【疏】　復說一切眾生對如來亦作如實觀想，認為得有真實的如來法身相現前，只須以清淨心觀修，便可以由如來威神力成辦。卻不知一切所見本來無實，是故亦無真實如來法身可見，譬如無真實的太陽可見。

經文說無實，說為「不生不滅、無性非無性、無見非無見、非世間非非世間、無狀貌非無狀貌。」這便是不落有無二邊的說法。如來無實、如幻，如影像，然而，無實的如來、如幻的如來、如影像的如來，實亦由如來法身上隨緣自顯現而成，所以不能由有無二邊來作抉擇。因此經文才會用「無甲非無甲」這個模式來說。譬如見有陽光即誤認此陽光相為太陽，而不知陽光只是太陽上的隨緣自顯現，如是即落入有無二邊，以有陽光無陽光，說為有太陽無太陽，是即見陽光有生有滅。

由這個模式便知道一切顯現實在是如幻顯現，正因其如幻，所以才說不生不滅。然而如幻，卻並非就可以簡單地說他「無性」，一切法的自性即是如來本性（如陽光自性即是太陽本性），所以是「非無性」；如來法身不成顯現，是故「無見」，但如來法身卻能藉識境而成顯現（如太陽得藉陽光而成顯現），因此便是「非無見」；世間如幻不實，但不能簡單說為「非世間」，因為在如幻世間中一切如幻都變成真實，一如螢光屏中的人可以撥螢光屏中的電話，駕駛螢

光屏中的汽車，所以便可以說是「非非世間」；一切形色（狀貌）亦如是，如幻不實，故「非狀貌」，在如幻世間中，一切形色真實，是故「非非狀貌」。能這樣認知才能入佛「中道見」。

現在還要詳細說中道，上來所說還不是中道的究竟，雖然不落有無二邊，但還依着有無來說，是即還有有無的概念，所以只是小乘的中道、菩薩乘的中道。至於佛乘的中道，便完全脫離有無二邊，根本不作或有或無之想。在《入楞伽經》中，更用兔角「非有非非有」來說中道。

佛在經中說，不能由有無來看兔角，但不是否定有無，而是超越有無，這才是究竟。然則如何才能超越呢？不只兔角，將一切法成立為或有或無，其根源便是由於有了這個法的句義（padārtha），由是即便生「想」（生起概念），然後才有或有或無的成立。對於兔角，說有說無，實在是因為有了「角」這個概念（角想），若根本無角想，便不會建立「有角」「無角」。

這是辯證，而且是最高的辯證。一般辯證只是否定的否定，兩個否定不同時，佛家的辯證則「無甲」與「非無甲」同時（非有與非非有同時）。能這樣辯證地成立，便是由於去除了「想」，也可以說是超越了「想」，想既不成，「非有」與「非非有」自然就同時成立。

倘如依佛說的兔角來解釋經文，便應該說，
根本不應該有「生滅想」、「性想」、「見
想」、「世間想」、「狀貌想」，完全沒有
這些名言概念，便不能成立「有無」的分
別，這才是究竟見。

讀者於本經中，可以先通過上一重的「入中
道見」來抉擇，這是基於「如幻」而得出的
決定（niyāmatā），即是基於現象而作出來的
決定，但接着下來，便應該由此「究竟中道
見」，以「想」為緣來作出抉擇與決定。

更說眾生，依如來清淨法身鏡像而作供養，
願得如來法身，並廣行布施持戒等事，回向
願得如來智，是亦等同向帝釋天大瑠璃寶中
的影像作供養回向。

對這段經文可以先由「如幻」來作抉擇，
決定對如來法身供養回向，與對帝釋天大瑠
璃寶中供養回向，二者同是對如幻的幻境供
養回向。然後我們還要進一步，去除「如來
法身」、「大瑠璃寶影像」以及「供養」、
「回向」等等概念。

筆者詳說中道的抉擇與決定，是因為本經
反覆說及辯證的中道，若不知有此兩重抉擇
與決定的次第，對經文便會嫌它重覆，反而
容易得出一大堆概念，例如落入「無性非
無性」的言說等等，而不知道須要去除的是
「性」等概念，然後才悟入根本。這一點，
下來即依此來說「隨緣自顯現」（不再重覆
說如幻抉擇、究竟抉擇）。

二、隨緣自顯現——諸佛境界的世俗顯現

【法護譯】 「復次，妙吉祥，又如吠瑠璃寶所成大地，帝釋天主對現影像，無動轉、無領受、無戲論，無分別不離分別，無計度不離計度，非思惟作意，寂靜清涼、無生、無滅，無見、無聞、無嗅、無味、無觸、無想，無施設、無表了。

「妙吉祥，如來、應供、正等正覺亦復如是，無動轉、無領受、無戲論，無分別不離分別，無計度不離計度，非思惟作意，寂靜清涼、無生無滅，無見、無聞、無嗅、無味、無觸、無想，無施設、無表了。

「如是等如來無所生趣向，諸所對現皆如影像，隨諸眾生信解差別，現諸色相壽量分限，但為成熟信解力故。是菩提器彼眾生者即為對現，隨其意樂、隨其信解，令諸眾生得聞法要，如所樂欲知三乘相，如所樂欲悉得解脫。

【曇摩流支譯】　「文殊師利，如彼大毘瑠璃地鏡像中三十三天帝釋王身不動、不生，心不戲論、不分別、不分別無分別，不思、無思，不思議、無念，寂滅、寂靜，不生、不滅，不可見、不可聞、不可嗅、不可味、不可觸，無諸相，不可覺、不可知。

「如是，文殊師利，如來、應、正遍知清淨法身亦復如是，不動、不生，心不戲論、不分別、不分別無分別，不思、無思，不思議、無念，寂滅、寂靜，不生、不滅，不可見、不可聞、不可嗅、不可味、不可觸，無諸相，不可覺、不可知。

「文殊師利，如來法身不生、不滅，不去、不來，以此為體，如鏡中像。世間所見，隨諸眾生種種信力，如來示現種種異身：隨彼眾生感有長短，如來現身命有修促；隨彼眾生於大菩提有能信力，如來現身；隨彼眾生聞法能信受，如來現身；隨彼眾生信心能知三乘之法，如來現身；隨彼眾生得解脫力，如來現身。

【僧伽婆羅譯】　「如是文殊師利，如來神力出現世間，令諸
眾生得大利益，如影如像隨眾生見。」

【疏】　這裡用大瑠璃寶中的帝釋天主影像，比較如來所顯現的影像，說二者相同，即是說一切顯現都如影像，由是我們對一切顯現的概念都應捨除，那便即是去除一切想。這裡已不用如幻來說，亦即不落於現象來說，是即已觸及凡夫的心性（citta-dharmatā）：受、想、行、識。

想，由受而成，若無所受，即無所想；若無所想，便無貪着行；若無貪着行，心識不會對之起分別。這樣便是由離五蘊中的四蘊而離色蘊，不光是視色蘊如幻而捨離。

經文接着解釋，如來為甚麼要成顯現？

如來法身本來不成顯現，但卻可以藉法身功德而成世間顯現，《入楞伽經》中，便將這顯現說為如來藏顯現為藏識。所以經文便接着說，如來依隨眾生而作示現，例如示現壽命有長短。曇摩流支的譯文說得比較清楚，如來示現是依眾生對大菩提的信力、依聞法的能信受、依眾生能受三乘法、依眾生能得解脫力，由是即現種種異身。這說法其實跟《普門品》中所說的觀音化身相同。欲度帝王現帝王相、欲度婦人現婦人相，如是等等。這樣說便不光是如幻顯現，而是隨緣自顯現。因為是隨緣而現，所以便無一鑿實的概念可言。

【法護譯】

「妙吉祥，又如忉利天中帝釋天主，以福力成辦故，有大法鼓出妙法音，處虛空中大廣勝殿上，彼諸天子極目徹視，不能觀見。妙吉祥，彼大法鼓，若或忉利天中諸天子眾，耽婬嬉戲、五欲自娛、心生放逸，而不樂入善法堂中歌詠法音，或時帝釋天主五欲娛樂，亦復放逸，不處法座為眾說法。彼大法鼓，處虛空中極目徹視，超眼境界不可觀見，自然出聲令諸天子開明警覺，謂言：『諸仁者，色、聲、香、味、觸是無常法，汝等今時勿生放逸，無令速疾離失宮殿；諸行是苦、諸行皆空，諸法無我，勿生放逸，此苦蘊滅、佗趣復生。汝諸仁者，宜當精勤歌詠正法，遊戲法園、求法真實、愛樂正法，於正法中隨念作意，即得不離天中五欲娛樂。』

「妙吉祥，然彼大法鼓，無分別、無離分別，超眼境界不生不滅，出語言道、離心意識。其大法鼓所出法音，令彼天眾常所開覺驚怖迷亂，即入善法堂中歌詠正法，遊戲法園、求法真實、愛樂正法，於正法中隨念作意，天趣歿已勝處受生。又復帝釋天主，入善法堂處于法座，為諸天眾宣說法要。

【曇摩流支譯】「文殊師利，譬如虛空有大妙法鼓，依三十三天功德力生，離善法堂，在虛空中，過一切諸天眼識境界，不可見、不可觀。文殊師利，彼大妙法鼓於何時出聲。文殊師利，以彼諸天耽著五欲境界，常不捨離，增長放逸，不入善法堂聞法思義。釋提桓因亦耽著五欲境界，常不捨離，增長放逸，不入善法堂，不昇高座為天說法。爾時，彼大妙法鼓不可見、不可觀，過眼境界，住虛空中出妙法聲。彼妙法聲遍聞三十三天而作是言：『諸天當知，一切色、聲、香、味、觸、法皆悉無常，莫行放逸，天報速退。諸天當知，一切行苦、一切行空、一切行無我。是故，諸天莫行放逸。若退天報，生餘苦處。諸天當共議法、樂法、喜法、味法、順法、念法。諸天若欲不捨天報、五欲境界，應正修行。』

「文殊師利，彼法鼓聲，不可見、無色，不分別、無分別，過眼境界，不生、不滅，離音聲、語言，離心意意識。文殊師利，爾時，三十三天聞妙鼓聲，即入善法堂，議法、樂法、喜法、味法、順法、念法，如說修行。於彼天退，生餘勝處。釋提桓因亦入善法堂，昇法高座，為諸天說法。

【僧伽婆羅譯】 缺

【疏】　經文接着說忉利天中有大法鼓，藉帝釋天主的福力，可出妙法音，而諸天人則不能見此法鼓。說這個例，實在是想說存在而不成顯現。一切世間的一切法，實在有三種狀態：一種是既存在亦顯現，此如我們日常所見的事物；一種是存在而不成顯現，例如別的時空世間，此如兩度、三度時間的世間，我們便不可見；還有一種是顯現而不存在，這一種又要另別來說。

顯現而不存在，例如殞星，星球已經殞落（不存在），但它的光對地球上的人卻依然顯現，距離地球一萬光年的殞星，它的光對地球便在一萬光年後才會消滅。另外一種情形便有如本經所說的法鼓，它其實不存在，但卻可以顯現成聲音。能夠顯現聲音，經中已說明是藉帝釋天主的福力，是即由福力而能隨緣自顯現，福力所成的並非法鼓，只是鼓聲。藉此鼓不存在而顯現的鼓聲，便能說法，所謂說法，只是天眾聞聲而自警覺。倘如執實有一個不可見的法鼓，那就只是因為聽聞法音與鼓聲，因此便執着「鼓」的概念，依概念而說有法鼓。

讀者須知，經文至此，已由如幻影像，說到由執着概念而成的影像，無論說影像實不實，只因存一概念，便已然落入現象的邊際，不成無生、無相。

【法護譯】　「若時與彼阿修羅眾而共鬥戰，天眾或負，彼大法鼓自然出聲，阿修羅眾驚怖迷亂馳走而去。

「妙吉祥，然彼法鼓亦無我相，復無言說自然隱歿。大法鼓者，無所觀矚，住於真實，無心、無思、無相、無色、無聲、無性、亦復無二，超眼境界。

【曇摩流支譯】　「文殊師利，若阿修羅共彼諸天鬥戰之時，三十三天力弱退散。爾時，法鼓於虛空中出如是聲，阿修羅聞甚大驚怖，退入大海。

「文殊師利，彼大法鼓，無形相、無作者，不可見、不可觀。元無實、不可思議，無心、無相、無色、無聲、無體、無二，過眼境界。

【僧伽婆羅譯】　缺

【疏】　　　　　這段經文還是曇摩流支譯比較好。阿修羅與諸天鬥戰，諸天力弱退敗，此時法鼓自然出聲令阿修羅眾驚怖退走。這是說法鼓聲音的顯現，實依諸天的業力自成，這便說明一切法的自顯現是隨緣自顯現，此以業力為緣。所以這段經文並非想說法鼓的神通，實在是說報身、化身世間，其中的一切法，都依業力而隨緣自顯現。強調自顯現，便是說無作者，非如來法身所作，亦非天人所作（如說梵天造出眾生與世界）。所以下段經文更有詳說。

說大法鼓無形相，是說不顯現；說無作者，是說自顯現；說不可見、不可觀，亦是說不顯現；說元無實、不可思議，是說他依業力顯現聲音、依緣顯現聲音；說無心、無相等，是說超越世間的心識與覺受所緣境。如是等等，實為一切法隨緣自顯現的本相，此相亦唯有具緣者能知能見。一如對我們這世間無緣的生命，即不能見我們世間的一切法。我們這個世間亦有各種文化背境的社會，若不具緣，即不能溝通。

【法護譯】　「妙吉祥，以彼忉利天中諸天子眾宿善業故，有大法鼓出妙法音，令彼天眾一切嬈亂隨煩惱等皆悉寂止，彼大法鼓而亦常在，然其無心亦無所思，無相、無色、無聲、無性，亦復無二。如來、應供、正等正覺亦復如是，無見、無觀，然亦常在，而無我相、無心、無思，無相、無色、無聲、無性、超眼境界。但隨眾生宿善業報，隨其信解為說法音，令其開曉聞法音故，使諸眾生一切嬈亂隨煩惱等皆得寂止，彼法音聲當知即是如來音聲。

「妙吉祥，是法音聲而無其實，如來但為一切世間權巧施設，隨諸眾生宿善業報，如來乃為出法音聲，隨諸眾生各各意樂而生解了，為令一切眾生皆得安樂，諸放逸者咸皆警悟。妙吉祥，一切眾生聞法音已，皆願當得如來身相。彼新發意菩薩及諸愚夫異生，但以如來善法出生而為所緣，令其得聞如來法音。妙吉祥，如來、應供、正等正覺所說不生不滅甚深法理，應如是知。

【曇摩流支譯】 「文殊師利，三十三天依本行業，彼大妙鼓空中出聲，令彼諸天遠離一切諸障、憂惱，無染、寂靜。文殊師利，如彼空中大法鼓，身不可見、不可觀，元無實、不可思議，無心、無相，無色、無聲，無物、無二，過眼境界，依本行業，法鼓出聲，令三十三天遠離一切諸障、憂惱，無染、寂靜。文殊師利，如三十三天心放逸時，彼妙法鼓出大音聲，令三十三天遠離一切諸障、憂惱，無染、寂靜。

「文殊師利，如是，如來、應、正遍知清淨法身，一切世間所不能見，元無實，不可思議，無心、無相，無色、無體、無二，過眼境界。文殊師利，如彼眾生依本業行，隨心能信得聞法聲，而彼法聲能令眾生遠離一切諸障、憂惱，無染、寂靜。文殊師利，彼清淨法身無說、無體，而諸眾生依善根業力聞妙法聲，謂如來說法、謂世間有佛。文殊師利，一切眾生聞如來聲，能得一切樂具，已信者令得正解，聞聲正解是如來身。初發心菩薩及一切凡夫眾生聞如來說法、觀察如來，增長一切善根。文殊師利，如來、應、正遍知清淨法身不生不滅，應如是知。

【僧伽婆羅譯】　缺

【疏】　本段經文是說「隨緣」。忉利天的大法鼓出妙法音，是以天眾宿生以來的善業為緣，亦復隨緣出聲，當天眾嬈亂時，法音令其寂止；當天眾敗退時，法音令其勝敵。但並不是天鼓有思想，想到天眾嬈亂、想到天眾敗退，於是發聲，彼實自然而然，一切隨業緣而自成顯現。所以說大法鼓常在，並不是他不發聲就不存在，只是存在而不顯現。如來對眾生亦如是，隨眾生宿善業報，隨緣發出法音，寂止眾生嬈亂。這裡說的法音，在化身世間亦可以顯現為世尊說法的言說，或顯現為文字經典。

因此經文便接着說，法音無實，「但為一切世間權巧施設」，那便是方便，眾生應如是知，是故不應執實無實的言說，這便等於說對如來法音，應知其密意。所以世尊在《大涅槃經》中說，應「依義不依語」、「依了義不依不了義」、「依智不依識」，最後是「依法不依人」。能成四依，才能了知法音，如若不然，便連大法鼓的聲音都不成顯現，因為無緣。違反四依的人即因無緣，是故聽不到法鼓的法音。

【法護譯】　「復次，妙吉祥，譬如炎夏向殘雨際、初月時景方來，以諸眾生宿業報故，此大地中，一切種子，禾稼、藥草、樹林而悉成長。時虛空中，大風吹擊、大水流注。是時，大地而悉滋養。閻浮提中一切人眾，見是相已、咸生歡喜，其心適悅，想此世間有大雲起。妙吉祥，而此空中有大水蘊流注大地，是時，閻浮提中一切人眾，即作是念：『今此大地，大水流注，豈非此中有大雲起。』作是念已，咸發是言：『奇哉，大雲降注，大水充滿大地，』妙吉祥，而彼大水非雲所有、非雲施設，但以大風吹擊，故有大水充滿大地。即彼水蘊，以其眾生宿業報力，隨時隱沒，風所攝持、風所破散，如雲注水。

「妙吉祥，但由眾生宿業報故，乃於空中大水流注，非雲所有、非雲施設，雲無所生、非從心入，離於來去。

【曇摩流支譯】　「文殊師利，譬如初夏，依諸眾生本業力故，大地所有種子、穀、草、叢林、藥木出生增長，為與眾生資生樂具。上虛空中出如是風，如是風者能生大雲；生大雲者能澍大雨；澍大雨者能滿大地；滿大地者能令一切諸種滋茂。爾時，一切閻浮提人皆大歡喜，生大踊躍而作是言：『此是大雲、此是大雨。』文殊師利，於虛空中天不雨時，閻浮提人作如是言：『無雲、無雨。』文殊師利，隨何時中普興大雲、遍澍大雨，時諸眾生咸作是言：『希有，大雲。希有，大雨。普澍大雨充滿大地。』文殊師利，而彼虛空無雲、無雨。文殊師利，依因於風，彼虛空中能生大雲、能生大雨。文殊師利，依因於風，彼虛空中無雲、無雨。何以故。以依眾生本業力故。

「文殊師利，如彼水聚於虛空中，風因緣住，依風而雨，而世間人稱言雲雨。何以故。以依眾生本業力故，於虛空中澍大雨聚，充滿大地。文殊師利，彼虛空中無雲、無雨。文殊師利，彼大雲雨自性不生、不滅，離心意識，離去來相。

【僧伽婆羅譯】　缺

【疏】　由大法鼓的自顯現與及如來的自顯現，即可明白世間一切法實亦是隨緣自顯現。現在便說到世間，這世間包括報身與化身。

經文用雲與雨來作譬喻。大雨能普令植物生長，世人因此見有大雲起時，便心生歡喜。這其實是誤解。依曇摩流支譯文說，虛空中本來無雲無雨，依因於風，虛空中才能生大雲，大雲能生大雨，是即大風才是令雨自顯現的因，非以大雲為因。然而，世人因大風不可見、大雲能見，才會誤執大雲為雨因。

這是一個譬喻，譬喻下來所說。

【法護譯】　「彼善根成熟諸菩薩摩訶薩及聲聞緣覺，諸異生等亦復如是，謂由彼等隨智所樂，積集勝行種善根故，如來、應供、正等正覺出現世間，為諸眾生示涅槃道對現無礙。如來處於天人眾中，諸有所說名字建立悉無別異。妙吉祥，應知如來於天人眾中所出音聲，而無其實，都無所有。妙吉祥，如來無相，離諸相故，無方處不離方處，無實所成、無生無滅，如來為諸天人世間，隨宜對現廣說正法悉充足已。

　「而彼新發意菩薩及諸愚夫異生，以宿善業報樂涅槃法而化度者，不見如來有所對現，皆謂如來入大涅槃。妙吉祥，如來若生若滅、悉無所有，以佛如來不生滅故。如來、應供、正等正覺本來寂靜，如來無實；如其大水，所緣無實、雲亦無實，無生無滅、雲無實故，乃於世間假施設有。如來諸有說法所緣，亦復如是，而無其實、不生不滅本來如是。如來、應供、正等正覺，於是無生法中，為諸世間假名安立。

【曇摩流支譯】 「文殊師利，如是，諸菩薩摩訶薩依過去善根、修諸善行，聞佛說法，得無障礙道。一切眾生、一切聲聞、辟支佛等種諸善根，求涅槃道。世間眾生便謂如來、應、正遍知出現於世，如來說法皆是真語、如語、不異語。而諸天人稱言如來，文殊師利，以依眾生善根力故法身出聲，而諸天人作如是言，如來說法。文殊師利，實無如來。何以故。如來法身，無相、離相，無處、離處，不實、不生、不滅。文殊師利，而彼如來樂說辯才，為天人說法無有窮盡，隨所應聞皆令開解。

「文殊師利，始發心菩薩及以一切毛道凡夫，依於眾生本業力故，應見如來入涅槃者，如來即便入於涅槃，不可得見。而彼眾生起如是心，便謂如來畢竟涅槃。文殊師利，如來、應正遍知不生、不死，不起、不滅。文殊師利，如來、應、正遍知無始世來，證於常住大般涅槃。文殊師利，如彼大雲不實、不生、不滅，虛妄故有，而諸眾生念想假名雲、雨如是。文殊師利，如來不實、不生、不滅，本來不生，而諸眾生隨其心想，聞如來、應、正遍知現有說法。

【僧伽婆羅譯】　缺

【疏】　眾生依過去善根，今生得以修行，由於錯認因緣，便說有如來出現於世，如來說的是真語、如語、不異語，那便有如誤認大雨以雲為因，因此以雲為真實，所以便說如來真實、如來語亦真實，不知「如來於天人眾中所出音聲，而無其實，都無所有。」一切言說都只是依名言句義而建立，用來表達密意。

得宿善業報的眾生，祈求涅槃，卻不見如來顯現，便說如來已經涅槃，這便是追求能見者，而不知存在而不顯現，此如大雲，舉頭即見，大風卻不能見，因此便以雲為大雨因，而不以風為因，眾生由是即執如來的言說為因，而不依如來的不生不滅境界為因。是故經言，「雲無實故，乃於世間假施設有」；如來「於是無生法中，為諸世間假名安立。」依雲為因，即等於依假名安立為因。

這一段經文，是說如何認識隨緣自顯現，不能以假名安的一切法為緣，是故必須遠離一切名言句義、戲論分別，然後才知隨緣的實在。世人執着「因緣和合」為緣，以為說磚瓦木石為緣，生起房屋，這便是因緣。然而這其實即是執着假名安立為緣，所以如來藏教法才建立四重緣起，最高一重是相礙緣起，任何生命形態都須要適應局限的相礙，如人必須適應空氣與地球上的食物，如是無數種種相礙，都須適應，否則即不成顯現。由這樣才能由適應一切相礙而成無礙，於無礙中依佛言說，得佛密意，然後才成化度。

【法護譯】「妙吉祥，又如大梵天王勝中最勝，於十三千大千世界百三千大千世界中而得自在，日日觀察一切天眾，下至四大王天乃為邊際。以其大梵天王遍於諸天常觀察故，彼彼一切諸天子眾，各各天中五欲娛樂，彼娛樂已鼓吹歌音，復止息已捨諸樂事，各各合掌尊重恭敬，瞻仰梵王目不暫捨，諸天子眾各各願求大梵王出現世間成熟善根。是時，大梵天王於須臾頃即為出現。若此大梵天王天報滅時，別有大梵天王安立宮殿，若十若百三千大千世界之中，以宿願力故而得自在；彼諸天子亦以宿世善根成熟故，感彼大梵天王日日觀察一切天眾，乃至大梵天王於須臾頃即為出現。

「正妙吉祥，彼大梵天王都無所有、無處所，無動轉、悉空無實，無文字、無音聲，無說、無性、無思、無相，離心意識、無生、無滅，為彼諸天子眾隨宜對現，以其大梵天王宿世善根願力所建立故，諸天子眾宿世善根亦成熟故。然彼諸天子眾，亦不作是念：『今此大梵天王諸所化現於空自在，無有實、無文字，無音聲、無說，無性、無相狀，非思惟、離心意識，無生、無滅。』

【曇摩流支譯】「文殊師利，譬如大自在梵天王於十百千萬三千大千諸世界中自在無礙，下觀一切諸天宮殿，乃至觀於四天王等。爾時，彼大自在梵天王於彼十百千萬三千大千諸世界中為自在主，觀於一切諸天宮殿。文殊師利，時宮殿中一切諸天各各捨於五欲境界、一切伎樂，捨諸欲念，生大恭敬心，合掌供養大梵天王，瞻仰而住。文殊師利，而彼大自在梵天王於彼一切諸宮殿中暫時而現。爾時諸天為生梵世，所有善根迴向梵天。文殊師利，彼大自在梵天王十百千萬三千大千諸世界主，不退梵天，住持梵宮，依自在願住持力故、一切眾生善根力故，應化梵天，日日觀察。一切天宮下至四天王天，各各捨於五欲境界、一切伎樂，捨諸欲念，生大恭敬心，合掌供養大梵天王，瞻仰而住。而彼大自在梵天王於彼一切諸宮殿中暫時現身，於本處不動。彼時諸天為生梵世，所有善根迴向梵天。

「文殊師利，而於彼處無實梵天。文殊師利，彼梵天空、彼梵天無、不實，無名字、無音聲，無住處、無體，不思議、無相，離心意意識，不生不滅。文殊師利，彼大梵天依本願善根住持力故、依彼諸天善根住持力故，於彼一切諸宮殿中暫時現身。文殊師利，而彼諸天不知梵天身空、無、不實，無名字、無音聲，無住處、無體，不思議、無相，離心意意識，不生不滅。

【僧伽婆羅譯】 缺

【疏】　　　本段經文先說大梵天王，為下段經文說如來作張本。

大梵天王統治「十百千萬」三千大千世界，即說一大千世界有十大千世界；十大千世界有百大千世界，如是「十十」，乃至千、萬大千世界無盡，最低的一層是四天王天。諸天對大梵天王恭敬，所以供養回向，瞻仰自己世間中出現的大梵天王，此大梵天王報滅，則別有大梵天王顯現。

如是梵天顯現，實在是隨緣自顯現，故經文說「為彼諸天子眾隨宜對現」。所隨的緣，是「大梵天王宿世善根願力所建立」，以及「諸天子眾宿世善根亦成熟」。可是諸天天眾不知道是隨緣自顯現，所以不說其顯現為「無有實」、「無文字」、「無音聲」、「無說」、「無性」、「無相狀」、「非思惟」、「離心意識」、「無生」、「無滅」。

下段即說如來。

【法護譯】「妙吉祥，如來、應供、正等正覺亦復如是，於空自在，無有實、無文字，無音聲、無說，無性、無相狀，非思惟、離心意識，無生無滅。如來、應供、正等正覺，但以宿昔菩薩行願力等所建立故，又以彼諸新發意菩薩及一切聲聞緣覺、諸愚夫異生等宿昔善根成熟建立故，如來乃以百千種相而為莊嚴出現世間，皆如影像，無處所、無動轉，亦無新發意菩薩、無一切聲聞緣覺愚夫異生，亦無如來於空自在，無有實、無文字，無音聲、無說，無性、無相狀，非思惟、離心意識，無生無滅。妙吉祥，以諸法空故，如來身相乃有百千種相而為莊嚴，現起如來諸威儀道，設諸法用，隨諸眾生種種信解說廣大法，其所說法令諸眾生一切嬈亂隨煩惱等皆得寂止。如來平等，於一切處住平等捨，離諸疑惑亦無差別。妙吉祥，以是緣故，當知不生不滅，皆是如來方便增語。」

【曇摩流支譯】「如是，文殊師利，如來、應、正遍知空、無、不實，無名字、無音聲，無住處、無體，不思議、無相，離心意意識，不生不滅亦復如是。文殊師利，如來、應、正遍知依彼菩薩本願行力，住持初發心菩薩、住一切聲聞、辟支佛乘；依一切毛道凡夫善根力故，如來應現百千萬相好莊嚴之身，如鏡中像，本處不動。文殊師利，初發心菩薩、一切聲聞、辟支佛及毛道凡夫，不知如來、應、正遍知空、無、不實、不可觀，無名字、無音聲，無住處、無體，不思議、無相，離心意意識，不生不滅。文殊師利，而如來百千萬億種種相好、莊嚴之身具足，如來一切種種諸威儀行，隨諸眾生種種信故，出大妙聲為眾生說法，能令眾生遠離一切諸障、憂惱，無染、寂靜，而如來一切平等捨，心無分別、無異心。文殊師利，以是義故，言不生不滅者，是名如來。」

【僧伽婆羅譯】 缺

【疏】　　　　如來於世間顯現亦如大梵天王於諸天顯現，他的顯現，所隨的緣亦類大梵天王。經文說為「但以宿昔菩薩行願力等所建立故」，以及「又以彼諸新發意菩薩及一切聲聞緣覺、諸愚夫異生等宿昔善根成熟建立故。」

對如來的隨緣自顯現，首先須知如幻，他雖然能夠具百千種相為莊嚴以出現世間，其實都只是影像，亦即如來如幻而顯現於如幻的世間，所以要知如來如幻，菩薩、聲聞、緣覺、愚夫、異生等宿昔善根亦如幻，然一切如幻現象顯現於如幻世間，實在亦是隨緣自顯現，由是便超越如來想、菩薩眾生想。倘如只知如幻，而不知如來及一切世間的顯現為隨緣，那便只能由如幻而說有無，不能超越如來想、菩薩眾生想。

由於如來與世間都是隨緣自顯現，是故平等。經文說，由知如來不生不滅，而見如來與世間一切法平等，即是說如來亦是隨緣自顯現，是故不落生滅見，世間亦如是不落生滅現象，由是平等。

【法護譯】　　　爾時，世尊說伽陀曰：

如來無生法本常　　一切法與善逝等
有所執相乃愚癡　　無實法於世間轉

如來所成如影像　　一切善法皆無漏
一切皆遍佛真如　　三種影像世間現

【曇摩流支譯】　爾時，世尊而說偈言：

如來常不生　　諸法亦復然
世間無實法　　愚癡妄取相

無漏善法中　　無如及如來
依彼善法力　　現世如鏡像

【僧伽婆羅譯】　爾時世尊說此祇夜：

如來常住　　不生不滅

非心非色　　非有非無

如瑠璃地　　見宮殿影

此影非有　　亦復非無

眾生心淨　　見如來身

非有非無　　亦復如是

【疏】　　　　世尊更說重頌。說「如來無生法本常，一切法與善逝等」，即是說如來與諸法平等。愚癡執相，於是以世間一切法為實，若知如來隨緣自顯現，顯現如影像，便知世間亦隨緣自顯現，顯現如影像，如是即成無漏。於一切善法皆無漏中，周遍諸佛實相（「一切皆遍佛真如」），欲界、色界、無色界三種世間，亦如三種影像，皆於如來法身上自顯現，亦即在佛內自證智境界中顯現、密嚴世界中自顯現、如來藏中自顯現。

三、大平等性──諸佛境界的勝義顯現

【法護譯】

「復次，妙吉祥，如日光明行閻浮提，從東方出，先照須彌山王；次照鐵圍山、大鐵圍山；次照餘諸大山；次照黑山；次照一切高顯地方；次照一切此閻浮提低下地方，然彼日光悉無分別、不離分別，非思惟、非不思惟，離心意識。又日光明無生無滅，無諸相狀，以離相故復無作意，離作意故無諸戲論，離戲論故無諸損惱，離損惱故，非此非彼、非高非下、非縛非解、非有智非無智、非有煩惱非離煩惱、非真實語非虛妄語、非此岸非彼岸、非平非不平、非水非陸、非尋伺非離尋伺、非色非非色。

「妙吉祥，為由大地有高下中容故，光明照亦下中上影像差別。如來、應供、正等正覺亦復如是，無生無滅，無諸相狀，以離相故復無作意，離作意故無諸戲論，離戲論故無諸損惱，離損惱故，非此非彼、非高非下、非縛非解、非有智非無智、非有煩惱非離煩惱、非真實語非虛妄語、非此岸非彼岸、非平非不平、非水非陸、非一切智非非一切智、非尋伺非離尋伺、非積集非不積集、非有念非無念、非思惟非離思惟、非意生非非意生、非名非非名、非色非非色、非說非非說、非表了非無表了、非見非無見、非眼境非非眼境、非開導非不開導、非得果非不得果、非分別非不分別、非離分別非不離分別。

【曇摩流支譯】「文殊師利，譬如日光初出，先照最大山王，次照斫迦婆羅山、摩訶斫迦婆羅山，次照餘大山，次照餘黑山，次照高原、堆阜，後照深谷、卑下之處。文殊師利，而彼日光不分別、無分別、不思惟。何以故。文殊師利，彼日光明無心意意識，不生不滅，無相離相，無念離念，無戲論、無障礙離障礙，不住此岸不住彼岸，不高不下，不縛不脫，不知非不知，無煩惱非無煩惱，非實非不實，不在此岸不在彼岸，不在陸地不在水中，不在兩岸不在中流，無覺離覺，無色非無色。

「文殊師利，依於大地有高、下、中，日光隨地有高、下、中。文殊師利，如來、應正遍知亦復如是，不分別、無分別、不思惟。文殊師利，何以故。如來、應、正遍知離心意意識，不生不滅，無相離相，無念離念，無戲論離戲論，無熱惱離熱惱，不住此岸不住彼岸，不高不下，不縛不脫，不知非不知，無煩惱非無煩惱，非實語者非不實語者，不在此岸不在彼岸，不在陸地不在水中，不在兩岸不在中流，非一切知者非無一切知者，非覺者非無覺者，非行者非無行者，非修習者非無修習者，非念者非無念者，非有心者非無心者，離心者非離心者，無意者非無意者，非害者非無害者，非名者非無名者，非色者非無色者，非說者非無說者，非假名者非無假名者，非可見者非不可見者，體性如是非不如是，非說道者非無說道者，非證果者非無證果者，非分別者非無分別者，非離分別者非無離分別者。

【僧伽婆羅譯】 「文殊師利，如日初出先照高山，次及中山、後照下地。如來亦爾，無心意識，無相離相，斷一切相，不著彼不著此，不住此岸不住彼岸，不住中流，不可思議非思惟所及，不高不下，無繫縛無解脫，非有智非無智，非煩惱非不煩惱，不真實不虛妄，非智非非智，不可思議非不可思議，非行非不行，非念非不念，非心非不心，非意非不意，非名非不名，非色非無色，無取無不取，非說非不說，非可說非不可說，非可見非不可見，非導師非非導師，非得果非不得果。

【疏】　上來說諸佛境界，由說世俗顯現而說，現在說轉依，依勝義顯現而說，所以說大平等性。

此以日照諸山為喻。日照我們這個世間，先照最高山（須彌山王），然後由高至低，照至高原平地，再照到低下地方，照現象來說，先高後低，故不平等，然而誰都知道，這只是自然現象，並非日光作意不平等而照。

經文說「然彼日光悉無分別、不離分別」，說「悉無分別」，是說日光無作意來作分別；說「不離分別」，那就是說現象顯現為有分別。凡說勝義必不離現象而說，然後才知真實。所以下文便說「非思惟、非離思惟，離心意識」，是即說非由心識作意而成的現象。

以此之故，下來便說「日光明無生無滅」，無生無滅是故無相；無相是故無作意，如是等等，重重引申抉擇而說平等。今試將此重重抉擇列表如下。然而，學人需知，這重重抉擇非由推理、思辨而成，實由觀修時依抉擇而得覺受，覺入抉擇境，於抉擇時即所謂「觀」，與專緣一境的「止」不同。——

無生無滅 → 無相 → 無作意 → 無諸戲論 → 無諸損惱 → 非此非彼 → 非高非下 → 非縛非解 → 非有智非無智 → 非有煩惱非離煩惱 → 非真實語非虛妄語 → 非此岸非彼岸 → 非平非不平 → 非水非陸 →

非尋伺非離尋伺 → 非色非非色

筆者不嫌重複，依經文列成這個表，實在是
想顯明，由如來不生不滅為基，可以推論到
世俗的非色非非色，是即由勝義推廣至世俗
而作抉擇，這便表明了一切世俗如實與勝義
平等，是即大平等性。因此，才可以說輪迴
與涅槃平等、眾生與諸佛平等，一切諸佛境
界與一切世間境界平等。

這樣來說平等，實在已經超越了因緣，是即
超越了有為而成無為。有些宗派認為緣起不
能超越，那便是不能超越有為，這樣來成立
宗義，便跟許多經典相違，例如本經、以及
《密嚴經》、《勝鬘經》、《維摩詰經》、《入
楞伽經》等等，甚至連《心經》都不能成
立，說如來藏的經典系列、說不二法門的經
典系列，統統不能成立。要否定許多經典，
然後才能成立自己的宗義，顯然就不合理。

你看，經文接着就說，如來亦如日照，雖有
下中上影像差別，其實是無分別而平等。抉
擇至此是一個段落，即是依基、依道而成抉
擇，下來便接着依果來抉擇——

非色非非色 → 非說非非說 → 非表了
非無表了 → 非見非無見 → 非眼境非
非眼境 → 非開導非不開導 → 非得果
非不得果 → 非分別非不分別 → 非離
分別非不離分別

非說非非說,是佛言說的顯現,由此言說,依密意即可說為「非說非非說」、「非表了非無表了」等,以至說及佛的現證「非離分別非不離分別」。那便是說,密意依於言說,同時應知言說中即有密意,佛由證覺而得現證,其所現證不可思議,只能藉言說來表達。上來的抉擇,其實即是抉擇佛現證境(所以是果)。由是即知佛的密意與言說平等,是即可以決定,此現證境「非眼境非非眼境」,依此證境而作的言說,「非開導非不開導」,佛的現證亦為「非得果非不得果」,此果「非分別非不分別」、「非離分別非不離分別」。是知,佛果本然、法爾,非新得的果(故「非得果」),但亦不可說「不得果」,以佛實有所現證故。

經文說到這裏,已說到深般若波羅蜜多。深般若有四德:無有、平等、唯一、圓成,此中最難理解的是平等見,六地菩薩經七地而至八地入深般若,七地所證便即是平等,這是由有為超入無為,由動超入不動(由變易超入無變易)的階段。讀者可以參考邵頌雄《龍樹讚歌集密意 • 出世間讚》(全佛 2015)。關於深般若四德,可參考〈諸宗般若差別〉一文(收《大圓滿直指教授密意》附錄,全佛 2016)。

【法護譯】 「妙吉祥，如來日輪光明，於三界中普遍照曜，所照亦無中邊障礙。如來所放智日光明，先照菩薩深固大山，次照住緣覺乘諸眾生等，次照住聲聞乘諸眾生等，次照善根深固信解眾生，次照著邊執者及邪定聚眾生。如來所放智日光明，但為成熟長養諸眾生故、出生未來因故、增長善法語故。如來平等，於一切處住平等捨，離諸疑惑亦無差別。

「妙吉祥，如來智日光明不作是念：『此眾生類具大信解，我當為說廣大之法。此眾生類不為說法、亦不分別。此類眾生具菩薩信解，此類眾生具緣覺信解，此類眾生具聲聞信解，此類眾生有善意樂，此類眾生下劣邪意。』又復不作如是思惟：『此大信解眾生，我當為說菩薩之法。此中信解眾生，我當為說緣覺之法。此下信解眾生，我當為說聲聞之法。此善意樂及正見眾生，我當為彼清淨意樂。乃至住邪定聚諸眾生等，隨其所樂當為說法。』如來智日光明不生如是種種分別。何以故。如來智日光明，照破一切分別遍計及分別所起。妙吉祥，當知為諸眾生種種意樂有差別故，如來智日光明所照亦復差別。

【曇摩流支譯】「文殊師利，依彼無邊法界眾生上、中、下性，如來放大智日光輪普照眾生亦復如是。初照一切諸菩薩等清淨直心大乘山王，次復照於住辟支佛乘，次復照於住聲聞乘，次復照於隨所能信善行眾生，次復照於乃至住邪聚眾生，皆為如來一切智日光輪所照，為畢竟利益一切眾生、為生未來一切善根、為令增長一切善根。文殊師利，如來於彼一切事中平等捨心，無分別、無異心。

「文殊師利，諸佛如來智日光輪無如是心：『我為此眾生說於妙法，而不為彼眾生說法。』文殊師利，諸佛如來無有如是分別之心：『此眾生信上法、此眾生信中法、此眾生信下法，此眾生信正法、此眾生信邪法。』文殊師利，諸佛如來無如是心：『此眾生信上法，為說大乘；此眾生信中法，為說緣覺乘；此眾生信下法，為說聲聞乘；此眾生信正行，為說清淨心法；乃至此眾生信邪行，隨所應聞而為說法。』文殊師利，諸佛如來智日光輪無有如是分別之心。何以故。諸佛如來智日光輪遠離一切分別、異分別及諸戲論。文殊師利，依諸眾生種種善根，諸佛如來智日光輪種種別異。

【僧伽婆羅譯】 「如是文殊師利，如來慧日光明照於三界，先照菩薩如照高山，次照樂緣覺聲聞人，後照樂善根人乃至邪定眾生，為增長善法，為起未來因緣。

「文殊師利，如來平等無上中下，常行捨心。文殊師利，如來不作是思惟：『如是眾生我為說勝法，如是眾生說不勝法。』亦不思惟：『此眾生大意，此眾生中意，此眾生小意；此樂善法，此樂惡法；此人正定，此人邪定。』如來智光明無如是分別，已斷一切分別想故。以眾生有種種善根故，如來智慧故有種種。

【疏】　如來說法平等，如日照有高下差別，說法亦
有高下差別，但這只是言說差別。為甚麼有
這些差別，那是基於眾生種種不同的根器，
是故經言「當知為諸眾生種種意樂有差別
故，如來智日光明所照亦復差別。」由是而
知，如來智日照光明，斷一切分別想，只因
為眾生有種種根器，如來智才成種種顯現，
作種種差別言說，如是即成種種法異門。

種種宗見的成立，是有作意，所以便不是
「如來平等，於一切處住平等捨，離諸疑惑
亦無差別。」因此在中觀見中，以「應成見」
為勝見，因為他不立宗見而破諸宗見；在大
中觀見中，以「了義大中觀見」為勝見，因
為他亦不立宗見而超越諸宗見。破則尚有取
捨，超越則離取捨而見本然（法爾）。

【法護譯】

「復次，妙吉祥，又如大海之中，有能圓滿一切意樂大摩尼寶，置高幢上，隨諸眾生所有意樂，自然有聲令其知覺隨意皆得。然彼大摩尼寶，都無分別不離分別、非心非離心、非思惟非不思惟、離心意識。

「妙吉祥，如來亦復如是，無分別不離分別、非心非離心、非思惟非不思惟、離心意識，無能取無所取、無當得無已得、無差別諦，無貪、無瞋、無癡，無實無虛、非常非無常、無光明非無光明、非世間非非世間、無尋無伺、無生無滅、非思惟非離思惟、無自性無自性空、無出無入、無性可取，無言說，言說斷故；無喜愛無離喜愛，喜愛斷故；無數量，離數量故；無趣類無趣類所向，諸趣斷故。一切所行而悉斷故，無見、無觀、無所取，非容受非不容受、非和合非不和合，無分別、無計度，無障礙、無表示，非染非淨，無名、無色相，無業無業報，無過去、無未來、無現在，無少法可得，無文字、無音聲，離諸音聲故，無相狀，離諸相故，非內非外亦非中間而有所得。妙吉祥，如來智寶深心清淨，安置大悲最上勝幢，隨諸眾生意樂信解，出妙音聲隨宜說法，令諸眾生咸得解了。如來平等，於一切處住平等捨，離諸疑惑亦無差別。

【曇摩流支譯】「文殊師利,譬如大海中有如意寶珠懸置高幢上,隨何等何等眾生念、須何等何等事,如是如是聞彼摩尼寶珠出聲。而彼摩尼寶珠不分別、無分別、不思惟,無心離心,離心意意識。

「文殊師利,如來亦復如是,不分別、無分別、不思惟,無心離心,離心意意識,不可測量離諸測量,不得離得,貪不能轉、瞋不能轉、癡不能轉,不實不妄,非常非不常,非照非不照,非明非不明,非覺者非不覺者,不生不滅,不思議不可思議,無體離體,不可取不可捨,不可戲論、不可說離諸言說,不喜離喜,無生,不可數離諸數量,不去無去、去寂,絕一切諸趣、離一切言說,不可見、不可觀、不可取,非虛空非不虛空,非可見、非可說,非和合非離和合,非作、非造、非示,非染、非可清淨,非名、非色,非相非無相,非業非業報,非過去、非未來、非現在,非有煩惱非無煩惱,非靜非不靜,非聲離一切聲、無言,無相離一切相,非內、非外、亦非中間。文殊師利,而如來寶珠清淨直心,懸大慈悲高幢之上,隨何等何等眾生信、何等何等眾生行,聞如是如是說法聲。文殊師利,如來於一切事平等捨心,無分別、無異心。

【僧伽婆羅譯】 「文殊師利，如大海中有摩尼珠，名滿一切眾生所願，安置幢上隨眾生所須，彼摩尼珠無心意識。如來無心意識，亦復如是，不可測量、不可到、不可得、不可說、除過患、除無明、不實不虛、非常非不常、非光明非不光明、非世間非非世間、無覺無觀、不生不滅、不可思議、無心無體、不動不行、無量無邊、不可說無言語、無喜無不喜、無數離數、無去無來、無行處、斷諸趣、不可見、不可執、無挍計、非空非不空、非和合非不和合、不可思議不可覺知、非穢非淨、非名非色、非業非果、非過去非未來非現在、無所有、無聲無相離一切相、非內非外亦非中間。如是文殊師利，如來清淨住大慈悲幢，隨眾生所樂，現種種身說種種法。

【疏】　本段經文用摩尼寶作喻，說如來大平等性，大摩尼寶能圓滿眾生一切意樂。將大摩尼寶置於高幢上，令眾生都得見，都能對摩尼寶許願，此即比喻佛的言說，令一切眾生皆得聞知，經言「隨諸眾生所有意樂，自然有聲令其知覺隨意皆得。」大摩尼寶當然無分別，亦無思惟，離心意識，因為摩尼寶不會用心意識來作分別，思惟要滿這個人這個願，要滿那個人那個願。

如來為眾生說法亦如大摩尼寶，是故「出妙音聲隨宜說法，令諸眾生咸得解了」，由是而見如來平等，住平等捨（因為平等，故捨去差別見）。

經中所說的「無」（或「非」），當依捨離名言句義而無，不能落於宗見說由緣起而無、說由性空而無、說由唯識而無。此如說「無能取所取」，當依無「取」這個概念而無；說「無當得無已得」，當依無「得」這個概念而無。此中要義於上來已說。

【法護譯】

「復次，妙吉祥，如響應聲，隨彼響聲眾生知覺，是聲無實，非過去、非未來、非現在，非內非外亦非中間而有所得，無生無滅、非斷非常、非有智非無智、非有慧非無慧、非明非非明、非解脫非不解脫、非有罪非無罪、非念非無念、非有住非無住、非坐非不坐，非地界非水火風界，非有為非無為、非戲論非離戲論、非有造作非無造作、非見非無見。無文字無音聲，超越音聲故；非稱量，出過稱量故；無相狀，離諸相故。非寂靜非不寂靜、非長非短、非思非無思、非狀貌非無狀貌、非世間非非世間，諸見自性，空、無念、無作意、無尋、無伺，離心意識，一切處平等，離諸分別出過三世。

「妙吉祥，如來所出種種音聲，皆如響應，但隨一切眾生種種意樂，乃出音聲隨宜施設，令諸眾生皆得解了；如來亦然，非過去、未來、現在，非內非外亦非中間而有所得，不生不滅、不斷不常、非有智非無智、非有慧非無慧、非明非非明、非解脫非不解脫、非有罪非無罪、非念非無念、非有住非無住、非坐非不坐，非地界非水火風界，非有為非無為、非戲論非離戲論、非見非無見。無文字無音聲，超越音聲故；非稱量，出過稱量故；無相狀，離諸相故。非寂靜非不寂靜、非長非短、非思非無思、非狀貌非

無狀貌、非世間非非世間，諸見自性，空、
無念、無作意，無尋、無伺，離心意識，一
切處平等，離諸分別出過三世。

【曇摩流支譯】「文殊師利,譬如響聲,從他而出,眾生得聞。而彼響聲非過去、非未來、非現在,非內非外、非二中間可得,非生非滅,非斷非常,非知非不知,非覺非不覺,非明非不明,非縛非脫,非毀非不毀,非念非不念,非處非不處,非住非不住,非地界、非水界、非火界、非風界,非有為非無為,非戲論非不戲論,非聲非不聲,非見非不見,非字、非言、非離言語,非稱量離稱量,非相離相,非寂靜非離寂靜,非長非短,非心非不心,非觀非不觀,非可見相非不可見相,非空非不空、自體空,非可念非不可念、離可念,非可覺非不可覺,離心意意識,一切處平等,無分別、離異分別,過三世。文殊師利,而彼響聲隨種種眾生,種種言音聞種種響。

「文殊師利,如來、應、正遍知說法音聲亦復如是,非過去、非未來、非現在,非內非外、非二中間可得,非生非滅,非斷非常,非知非不知,非覺非不覺,非明非不明,非縛非脫,非毀非不毀,非念非不念,非處非不處,非住非不住,非地界、非水界、非火界、非風界,非有為非無為,非戲論非不戲論,非聲非不聲,非見非不見,非字、非言、非離言語,非稱量離稱量,非相離相,非寂靜非離寂靜,非長非短,非心非不心,非觀非不觀,非可見相非不可見相,非空非

不空、自體空，非可念非不可念、離可念，
非可覺非不可覺，離心意識，一切處平
等，無分別、離異分別，過三世。文殊師
利，隨種種眾生種種信、種種解，聞於如
來、應、正遍知如是如是說法音聲。

【僧伽婆羅譯】 「文殊師利，如因聲生響，非內非外亦非中間，不生不滅、不斷不常。文殊師利，如來亦爾，非內非外亦非中間，不生不滅、無名無相，隨諸眾生種種示現。

【疏】　本段經文用回聲（響）來作譬喻，眾生聽到的並不是如來當下的法音，而是法音的回響，這就容易說明，不能將所聞的法分別過去現在未來，因為佛的法音無過去的法、現在的法、未來的法等三時差別；亦不能分別內外中，因為佛的法音不唯明示內、明示外、明示中。接着更說「非有智非無智」、「非明非非明」、「非解脫非不解脫」等，即是說佛與眾生平等，佛內自證的根本智是本然的存在，眾生其實具足此智，也可以說佛智是既存在亦顯現的境界，眾生的心識覺受，則令本然的佛智存在而不顯現，由是即可理解經文所說，「非有罪非無罪」以至「非見非無見」等等，故對佛所說不能落於言說（「無文字無音聲」）；亦不能用世俗的名言句義、分別戲論來評價佛之所說（「非稱量」）。如是始能得佛無念的境界。

【法護譯】

「妙吉祥，如來隨諸眾生種種信解，種種意樂，出妙音聲隨宜說法，令諸眾生咸得解了。譬如世間依止於地，由地安立，一切樹林、藥草悉得生成廣多增長，然彼大地都無分別不離分別，一切處平等，無差別分別，離心意識。

「一切眾生亦復如是，依止如來，皆由如來之所安立，一切善根悉得生成廣多增長，所謂聲聞乘、緣覺乘、菩薩乘，及餘外道、梵志、尼乾陀等，一切邪外總略，乃至邪定聚眾生，彼彼所有善根，皆悉依止如來安立，悉得生成廣多增長。然佛如來都無分別不離分別，一切分別非分別所緣作意皆悉斷故。

「妙吉祥，如來、應供、正等正覺，離心意識，無尋伺、無觀示，無思惟、無作意，於一切處住平等捨悉無差別。

【曇摩流支譯】　「文殊師利，譬如大地，住持萬物，生長一切穀、麥、果、蓏、草、木、樹林，建立成就。文殊師利，而彼大地不分別、無異分別，一切處平等，無分別、無異分別心、無心，離心意、意識。

「文殊師利，如來、應、正遍知亦復如是，依於如來、應、正遍知，住持一切眾生，生長一切善根，建立成就一切聲聞、辟支佛、菩薩及諸外道種種異見、尼犍子等從於邪見，乃至邪定聚眾生所有諸善根。彼諸善根皆是如來、應、正遍知之所住持，皆依如來、應、正遍知而得生長、建立成就。

「文殊師利，而如來、應、正遍知離一切分別，無分別、異分別念，離一切心意意識，不可觀離諸觀，不可見離諸見，不可思惟離諸思惟，不可念離諸念，心平等無平等捨，一切處無分別離異分別。

【僧伽婆羅譯】　「文殊師利，如諸草木依地增長，彼地平等
離諸分別。如是一切眾生善根，依如來增
長，聲聞乘、緣覺乘、菩薩乘，乃至裸形尼
乾子等一切外道善根，亦依如來增長；如來
平等無有分別，亦復如是。

【疏】　　　　如來依眾生根基隨宜說法，譬如大地令樹木
藥草等，悉得生長，而大地實都無分別、亦
不離分別。不能說此大地只讓樹木增長、不
能說此大地只讓藥草增長，是即無分別；然
而，畢竟此地只長樹木，彼地只長藥草，是
亦不離分別，大地即如是而成平等，無分別
而了知差別是即平等，此亦非由心意識作意
而成。

復說，眾生即如草木，依止大地安立。如是
眾生依止如來，即成立聲聞、緣覺、菩薩等
三乘，以及外道、梵志、尼乾陀（Nirgrantha，
裸形外道）等等。草木皆依大地，彼等皆依
如來。

說三乘成立，依止如來，佛教徒不會反對，
然而說外道等亦依止如來，便會引起疑惑，
為甚麼連外道都依止如來？關於這點，曾有
人試圖作調和之說，說這些外道的遠古祖師
本來也說佛法，後來經過久遠時間的傳法，
愈傳愈偏，終於變成今時的外道。作此調和
之說的學者，實在不理解如來藏。如來藏是

如來法身上有種種識境隨緣自顯現，而且平
等。既說是種種識境平等自顯現，那就沒有
佛法與外道的分別，二者的成立都無非是法
身上的識境自顯現，那麼外道應亦不離如來
（不離佛內自證智境）。這便有如草木依於
大地的譬喻，倘若說外道與如來法身相離，
那便有如說大地只能長出樹木不應長草（草
與大地相離）。若知草木平等依於大地，便
知藥草與毒草可同時在大地生長，便知外道
與佛道可同時在如來智境上隨緣自顯現。

【法護譯】 「譬如虛空，於一切處，無高無下亦無差別、無生無滅，非過去、未來、現在，無色相、無戲論，無表示、無繫著、無稱量、無比喻，無安立、無所取，超眼境界，離心意識，乃至超越諸語言道，於一切處悉無所住。

「復次，妙吉祥，眾生相狀有下中上故，乃謂虛空有下中上。如來、應供、正等正覺亦復如是，一切處平等無差別分別，無生無滅，非過去、未來、現在，無色相、無戲論，無表示、無施設，無覺觸、無繫著，無稱量過諸稱量，無比喻超越比喻，無住、無取，超眼境界、離心意識，無狀貌、無文字、無音聲、無作意，無出無入，無高無下、超言境界，於一切處隨知隨入，但為眾生有下中上性，故見如來有下中上。妙吉祥，如來亦不作是念：『今此一類下品信解眾生，我當為現下品身相；此之一類中品信解眾生，我當為現中品身相；此之一類上品信解眾生，我當為現上品身相。』」

【曇摩流支譯】「文殊師利，譬如虛空，一切處平等，無分別異分別，不生不滅，非過去、非未來、非現在，不可見、不可戲論，無色，不可示不可表，不可觸、不可護，不可量、離思量，不可譬喻離諸譬喻，無住處、不可取，離眼識道、離心意識，無相、無字，無聲、無念，無取無捨，不可轉、不可換，離言語道，一切處住一切處入。

「文殊師利，如諸眾生，以依地有高、下、中故，而言虛空有高、下、中，而彼虛空無高、下、中。文殊師利，如來、應、正遍知亦復如是，於一切處平等，無分別、異分別，不生不滅，非過去、非未來、非現在，不可見、不可戲，無色，不可示、不可表，不可觸、不可護，不可量、離思量，不可譬喻、離諸譬喻，無住處、不可取，離眼識道、離心意識，無相、無字，無聲、無念，無取無捨，不可轉、不可換，離言語道，一切處住一切處入。文殊師利，依眾生心有高、下、中故，見如來有高、下、中，而實如來無高、下、中。文殊師利，如來無如是心：『此眾生有下信心，我示下形色；此眾生有中信心，我示中形色；此眾生有上信心，我示上形色。』

【僧伽婆羅譯】　「文殊師利，如虛空平等無下中上，如來平
　　　　　　　　等亦復如是，眾生自見有下中上。

【疏】　　　　　又以虛空為喻，虛空無差別，可是虛空上出
　　　　　　　　現的現象卻有差別，此如見雲聚散，見霞彩
　　　　　　　　濃淡。眾生由這些顯現差別便覺得虛空亦有
　　　　　　　　差別，例如秋日的晴空，我們覺得比較高，
　　　　　　　　春日陰雨時的天空，我們覺得比較低，於是
　　　　　　　　便覺得虛空亦有高下的分別，這便是我們將
　　　　　　　　顯現相外加於虛空之上（對虛空作增上），
　　　　　　　　然後作出分別，其實虛空無分別，所以說虛
　　　　　　　　空無生滅、離三時、無色相、無戲論等等。
　　　　　　　　虛空甚至超越一切言說，不落任何識境的概
　　　　　　　　念。是故虛空的境界，可以比喻如來的境
　　　　　　　　界。

　　　　　　　　由於眾生相狀有下中上的差別，於是便認為
　　　　　　　　虛空亦有下中上差別，是即眾生依自己的相
　　　　　　　　狀來定義如來。種種外道落種種相，例如尼
　　　　　　　　乾陀認為須修離繫而成解脫，於是便認為可
　　　　　　　　以裸形，裸形即是離衣服的繫，那便是由裸
　　　　　　　　形來認識如來。其實不只外道，佛家中亦多
　　　　　　　　錯認，中觀家由他們自己的中觀見來否定唯
　　　　　　　　識；唯識家由他們自己的唯識見來否定中
　　　　　　　　觀；以及持小中觀見來否定大中觀；或持大
　　　　　　　　中觀見來否定小中觀，都是落於宗見的形相
　　　　　　　　來認識如來。若知一切見地都只是識境，凡
　　　　　　　　識境都不能離開如來法身，不能離開佛的內

　　自證智境，只是所隨的緣有差別，於是識境便成種種差別，這樣將如來法身看成是一切草木生長的大地、覆蓋一切處的虛空，便應知大地與虛空都無下中上的分別。

　　如來平等如虛空、平等如大地，是故不會作意為下品眾生現下品相、為中品眾生現中品相、為上品眾生現上品相。

【法護譯】「如來說法亦復如是，但以一音為眾生說，隨眾生類各得解了。如來又復不作是念：『此類眾生下品信解，我當為說聲聞乘法；此類眾生中品信解，我當為說緣覺乘法；此類眾生上品信解，我當為說菩薩乘法。』如來又復不作是念：『此類眾生信解布施，我當為說布施波羅蜜多法；此類眾生信解持戒、忍辱、精進、禪定、智慧，我當為說彼等諸波羅蜜多法。』

「如來於諸法中不生分別。何以故。如來法身畢竟無生，如來以無生故，不以名色宣說，隨識而轉，如來於剎那間暫無分別。

「如來具無盡相，盡際實際皆決定故，是即一切法平等際。如來、應供、正等正覺一切處平等，無下中上差別分別；一切法平等，無下中上差別分別，亦復如是。何以故。以一切法無所得故。

【曇摩流支譯】 「文殊師利，如來說法亦復如是。文殊師利，如來無如是心：『此眾生有下信心，我為說聲聞法；此眾生有中信心，我為說辟支佛法；此眾生有上信心，我為說大乘法。』文殊師利，如來無如是心：『此眾生信布施故，我為說檀波羅蜜；此眾生信持戒故，我為說尸波羅蜜；此眾生信忍辱故，我為說羼提波羅蜜；此眾生信精進故，我為說毘梨耶波羅蜜；此眾生信禪定故，我為說禪波羅蜜；此眾生信智慧故，我為說般若波羅蜜。』

「文殊師利，如來者，名為法身。文殊師利，如來不生、無生。文殊師利，如來無名、無色、無言說、無心意意識。文殊師利，如來無分別離分別。

「文殊師利，言如來者，名為空不可盡相，盡際、實際、空平等一切法際、不二際、常不可知處際。

【僧伽婆羅譯】 「文殊師利，如來不作是念：『此眾生下意當現下身，此中上意現中上身，此眾生下意當說下乘，此眾生中意說緣覺聲聞乘，此眾生上意為說大乘。』文殊師利，如來無如是意：『此眾生樂施，我當說施，戒忍精進定慧亦如是。』何以故。如來法身平等，離心意識無分別故。

【疏】 如來說法平等，所以說「佛以一音說妙法，眾生隨類各得解」。這句話，並不是說他以梵音說法，一切眾生都將他的梵音聽成為自己的語言，而是說，佛無論說何等法，眾生都能依自己的根器而理解。如佛說聲聞法，菩薩乘、佛乘的行人亦能由此聲聞法悟入菩薩乘、佛乘的法門。此如《阿含經》，中觀家可以在《阿含》中看到中觀的法義，唯識家可以看到唯識的法義，依大中觀，便可以看到如來藏的法義。

此如小乘《增支部》（Aṅguttara-nikāya）說「比丘，心極光淨，為客塵煩惱所染；比丘，心極光淨，由客塵煩惱而得解脫」[5]的說法，於《八千頌般若》便說為「是心非心，本性淨故」的「自性清淨心」（prakṛtiprabhāsvaram cittam），是為本自清淨的空智境界。此般

---

5 巴利文：pabhassaram idaṃ bhikkhave cittaṃ tañ ca kho āgantukehi upakkilesehi upakkilitthan ti/ pabhassaram idaṃ bhikkhave cittaṃ tañ ca kho āgantukehi upakkilesehi vippamuttan ti//

若空智的境界，亦即龍樹《中論》所言之「空境」。唯識家，則說此「心極光淨」為「心光」，如《大乘莊嚴經論》所言「能取及所取　此二唯心光　貪光及信光　二光無二法　種種心光起　如是種種相　光體非體故不得彼法實」。依大中觀，此離客塵煩惱之本淨心，就是如來藏。

為甚麼能夠平等，因為如來說法的密意唯一，所以說是：「如來以無生故，不以名色宣說，隨識而轉，如來於剎那間暫無分別[6]。」若如來不入無生的境界而說，而是依名言句義（名色宣說）、依戲論分別（隨識而轉），那麼所說便不能含有密意，用這樣的名言來說，就是這個名言的意思；依這個分別來說，便就是這個分別的意思。這樣一來，就只能成為宗義，不能說是平等的「一音」。

如來密意無盡，是故言說亦無盡相，此無盡相即是盡際（盡其所有）、實際（如其所有，bhūtatā）、一切法平等際。不依言說而依密意（依義不依語），即能不落於言說而有所說（依智不依識），亦能無下中上差別而成差別（依了義不依不了義），更不依宗師不平等的宗義（依法不依人）。

6　此句應譯為「如來於剎那間頓無分別」。

【法護譯】 「妙吉祥，若一切法無所得即一切法平等，
若法平等即法常住，若常住即無動，若無動
即無依，若一切法無所依止即心無所住，心
無住故即無生而生。若如是觀，即心心所轉
而不顛倒，彼不顛倒心即如說而得，若如說
而得即無戲論，若無戲論即無所行，若無所
行即無流散，若無流散即無聚集，若法無流
散即法性無違，若法性無違即一切處而悉隨
順，若一切處隨順即法自性無動，若法自性
無動即法自性乃有所得，若法自性有所得者
即無有少法而可決擇。何以故。當知因緣所
生性故。若因緣生性即畢竟無生，若畢竟無
生即得寂靜，若得寂靜即一切法作意悉同無
依，若一切法作意悉同無依即都無依止，若
無依止即無得無非得，若無得無非得即得法
常住，若得法常住即深固法相應，若深固法
相應即無有少法可住亦無佛法。何以故。覺
了空性故。

【曇摩流支譯】「文殊師利，如來、應、正遍知一切處，無分別、離異分別，非下、非中、非上。如是，文殊師利，一切法無分別、離分別，非下、非中、非上。何以故。一切法不可得故。文殊師利，言一切法不可得者，是一切法平等；言一切法平等者，是平等住；言平等住者，即是不動；言不動者，是一切法無依止；言一切法無依止者，彼無心定住；言無心定住者，即是無生；言無生者，即是不生。若如是見，彼心心數法畢竟不顛倒；若畢竟心不顛倒者，彼行者能得如實；若能如實得者，彼不起戲論；若不起戲論者，彼不行一切法。若不戲、不行者，彼不在生死；若不在生死者，彼不能動；若不能動者，彼法不能相違；若法不能相違者，彼隨順一切法；彼隨順一切法者，彼法性中不能動；若法性中不能動者，彼得自性法；若得自性法者，彼無所得。何以故。依因緣生一切法故。若依因緣生一切法者，彼常不生；若常不生者，彼常不可得；若常不可得者，彼得實際法；若得實際法者，彼不共一切法住；若不共一切法住者，彼不共住；若不共住者，彼非有非無；若非有非無者，彼得法中住；若得法中住者，彼得修行正念法；若得修行正念法者，彼無一法非是佛法。何以故。以覺一切法空故。

【僧伽婆羅譯】 「文殊師利，一切諸法悉皆平等，平等故無
住，無住故無動，無動故無依，無依故無
處，無處故不生，不生故不滅。若能如是見
者，心不顛倒，不顛倒故如實，如實故無所
行，無所行故無來，無來故無去，無去故如
如，如如故隨法性，隨法性故不動，若隨法
性不動則得法性，若得法性則無悕望。何以
故。已得道故。若得道則不住一切諸法，不
住一切諸法故，不生不滅、無名無相。文殊
師利，若眾生著一切法，則起煩惱，起煩惱
故不得菩提。」

【疏】　本段經文所說甚為深密，而且是本經主旨所在，不能在這裏詳細說明，讀者可參考「自序」及「導論」所說，這裏只能略陳大意，且只能依法護譯而說，僧伽譯太簡、曇摩譯則疑有誤。

經文是說怎樣才能知佛密意。首先須知一切法平等，這便由一切法無所得而知，亦即於一切法不依言說而知、不依人而知。尤其是依人，以人為偶像，凡其所說都為他自己之所得，那麼對佛所說的一切法便不能平等。例如許多人根本誤解「緣生性空」，以為是「因為緣生，所以性空」，又說「因為空，所以才可以緣生」，並以為這個說法便是勝義與世俗雙運。持這宗見便誤解了龍樹的中觀，又依此誤解來成立釋迦的中觀，只說為斷有無二邊，而不知所要遣除的是概念，那便是依人而不依法的毛病，一落此毛病便完全失去四依。若不依人，便能平心理解龍樹，他說的緣生，是為了建立一切法如幻，令人知道這樣才能觀修止觀的觀（觀察如幻不真實）；他說的空，是為了建立如來法身的本性，這樣才能觀修止觀的止（止於畢竟空境界）；復依止觀雙運，然後才能入佛所說的禪那（Dhyāna）。依龍樹如是說的中觀（其實即是大中觀），才能交替漸修而頓成佛道。

上來所說的止、觀、禪那等觀修，出於《圓覺經》，也即是經文所說的：「若法平等即法常住，若常住即無動⋯⋯。」經文還說「彼不顛倒心即如說而得」，此依佛言說而得的，便即是得佛的密意，所以說「若如說而得即無戲論」，不依戲論即無五蘊之行，因為人總是跟着戲論而行，我們依着戲論來分別對境，於是就有愛貪行或者厭惡行。無行即無流散與聚集，摒除所厭惡便是流散、依取所愛貪便成聚集，如是便跟法性平等相違。應知這裏所說的平等法性，其實即是如來性，或說為如來本性。

若不違法性，便能隨順一切處而行，那才是隨緣任運，世間由任運才能圓成。所以經文說「若法自性無動即法自性乃有所得。」由這樣才能理解「緣生」為法性的有所得（得成一切法如幻顯現），因為依法性而任運圓成的一切法，其任運實在是因應一切緣而成適應（如人，必須要因應食物、空氣等等），如是，便可以說「法自性乃有所得」，所得的便是由適應而成的任運，既然由依緣任運才能圓成，所以便可以決定「若因緣生性即畢竟無生」。這是無少法可得的適應，若有少法可得（例如落於性空這個概念），那麼，根本就無法任運，因為我們已受空這個概念所縛，既然一切法空，法性亦空，我們還有甚麼須要適應，唯有只適應一個空，這

樣一來，根本就無法成立世間。只適應一個
空，怎能成為有生機有區別的世間萬物呢。

是故知佛密意，必須由緣生性來理解畢竟無
生，畢竟無生是故寂靜（不落一切名言概念
戲論分別才是寂靜），因此不能落於「緣生」
這個概念且依「緣生」來建立「性空」，因
為與法性相違，因為不寂靜。寂靜即無作
意，因為一切作意都無一個概念來作為依
止，由是即成「無得無非得」，不依作意而
得，是故「無得」，然而雖無作意，但卻可
以於法性中任運而得，是故「無非得」。

經文再依此抉擇，「**若無得無非得即得法常
住，若得法常住即深固法相應，若深固法相
應即無有少法可住亦無佛法。**」最後，經文
決定：「**何以故，覺了空性故。**」這裏說的
「空性」，一定不是由有概念可依的緣生所
說的空性，這樣的空性既有概念可依，是故
不寂靜。而且經文強調的是「因緣生性」，
而不是「因緣空性」，所以這裏說的空，一
定是依佛密意而說的「本性自性空」。一切
法自性都是如來本性，一如一切鏡影的自
性，都必然是鏡性；一切水中月影的自性，
都必然是水性。這樣才是「**覺了空性**」，而
不是依空的概念來建立空性、施設空性。

最後一點，經文說「**亦無佛法**」。為甚麼
無？若唯依「平等」而說為「無」，則由於

平等,可說一切法都是佛法,是即佛法為無
(因為一切都是,便不能說唯有此是)。

然而亦須了知佛法與世法有差別,若落於概
念,即無法異門可以安立,同時亦無法由觀
修而現證三身無分別,因為我已得一法門,
何須更安立與我平等的法異門;我已得入一
身,何須更入與我平等的餘二身。必須於平
等性中自解脫,才能了知平等中非無差別
相,然後才能了知一切諸佛境界。這時說
「亦無佛法」,是於平等中了知差別(即是
依平等性自解脫的境界)而說為無。何以
無?於與深固法相應時,已證入勝義世俗
兩種菩提心雙運,佛法已與世法雙運,是
即此兩種差別相非一非異,如是而無,非
落於「平等」而說為無。是即對大平等性
的超越。

這一段經文非常重要,讀者可依上來所說,
一讀再讀三讀經文,澈底理解。

四、說證菩提——覺了諸佛境界

【法護譯】

「若覺了空性，即是菩提。如是空、無相、無願、無造作，無著、無生、無取、無依，悉覺了故，即是菩提。菩提者與深固法相應，相應之名由是建立，是故無高無下法相應，無作非無作相應，無縛無解相應，無一性無多性相應，無來無去相應，是即深固法相應。

「若深固法相應，彼即無所相應，亦無所斷、復無果證。何以故。心法本來自性明亮，但為客塵煩惱之所坌污，而實不能染污自性。若自性明亮即無煩惱。

「若無煩惱即無對治，謂以對治煩惱皆悉斷故。所以者何。無已淨、無當淨，不離清淨本來如是。若清淨即無生，若無生即無動，若無動即斷諸喜悅，一切所愛皆亦斷滅。

「若諸愛滅彼即無生，若法無生即是菩提，若菩提即平等，若平等即真如。若真如即一切有為無為法而悉無住，若真如中無彼有為及無為法即無二施設，若有為無為法無二施設彼即真如。

【曇摩流支譯】「文殊師利，覺一切法空者名為菩提。菩提者，名覺一切法空，空者即是菩提。如是，空、無相、無願，無作、無行，無依、無生，無取、無處，覺如是法者名為菩提。

「菩提者，名為修行正念。文殊師利，言修行正念者，不取、不捨即名正念。不觀、不異，名為行；不著、不縛、不脫，名為行；不去、不來，名為行。文殊師利，正念行者，彼處無行、無利、無果、無證。何以故。文殊師利，心自性清淨故，彼心客塵煩惱染，而自性清淨心不染。

「而彼自性清淨心，即體無染不染者。彼處無對治法故，以何法對治能滅此煩惱。何以故。彼清淨非淨，即是本淨。若本淨者，即是不生；若不生者，彼即不染；若不染者，彼不離染法；若離染法者，彼滅一切染。以何等法滅一切染。彼不生。若不生者，是菩提。菩提者，名為平等；平等者，名為真如；真如者，名為不異；不異者，名為如實住一切有為、無為法。

「文殊師利，真如者，彼處非有為、非無為，無二法。若非有為、非無，為無二法者，是真如。

【僧伽婆羅譯】 缺

【疏】　現在開展一個新的話題，由證覺（現證菩提）來說諸佛境界。是即由觀修來說。成立這一話題，是因為須建立「果地修」。這種觀修法門與「因地修」相對，因地修是依成佛的因起修，此如修六波羅蜜多，布施、持戒等都是因地。若果地修則依佛果起修，如本經，以入佛境界為果，便須先了知此境界相，由依理抉擇而得決定，於是更依決定而起修。抉擇有多層次，如是觀修與決定亦多層次。此如本經，由無生無滅至大平等性已是三個層次的決定，現在則是歸結這三層次的決定來更作抉擇（此時三決定見已成抉擇見），再決定何者為覺、何者為覺了一切諸佛境界。得究竟決定後，即可依此決定於果地作觀修。

此說果地修之先，說為「覺了空性」。「覺了」即是由覺而得了知，亦即是了知一切法的自性即是如來的本性，當施設如來本性為空時，一切法的自性即亦可說為空性。這樣的「覺了」，便須由一切諸法在如來法身上隨緣自顯現而知，諸法能夠隨緣自顯現，是藉着如來法身的功德，如是世間的諸法才跟如來法身有所關聯，若不明白這點，純然依心識來說空、有，那麼世間便是世間，如來便是如來，如是便裂為兩份，成為對立的二元。是即唯依心識不能成覺，依二元亦不能成唯一。

既覺了空性，亦即覺知世間一切法的自性即是如來本性，那麼，便能究竟證空，此時，即能悟入無相、無願，因為凡所顯現都是如來本性的顯現，是即無輪迴相可得，無涅槃相可得，由是即無須畏懼輪迴，希冀涅槃；於修道時便無造作、無著、無生、無取、無依。即對一切法異門的言說都不落、不執而成觀修。

法護譯特別指明「菩提者與深固法相應」，那便是說觀修菩提的瑜伽行，瑜伽行即是相應行。經中說種種菩提與深固法相應的瑜伽行——

1、經言菩提與「無高無下法」相應，那便是離相對而相應；

2、與「無作非無作」相應，那便是與不落於有亦不落非有的禪那相應；

3、以此之故，便自然與「無縛無解」相應，因為已離有無二邊，是故便無縛無解；

4、與「無一性無多性」相應，是離執著一法性開展為多，或執著萬象復歸唯一；

5、更無來與去的執著，是即與超越時空的無來無去相應。

如是便是菩提與深固法相應，亦即由觀修深固法的瑜伽行，由次第抉擇與決定，究竟得證菩提。

既與深固法相應，便能令本來自性明亮的心性顯露（本明心性亦即法性，有時又稱之為「心法性」），客塵自然離去。這便是許多經論常用的譬喻，黑暗千年，燃一燈，黑暗自然退除。是故便不須以煩惱為所治，以對治法為能治，一切本來清淨，並非由對治然後從新生起一個清淨，是故說為無生無動，因為已無貪愛，一切都是本然。

所以經文總結說，「若諸愛滅彼即無生，若法無生即是菩提，若菩提即平等，若平等即真如。」如是，便超越了「有為」「無為」二法，於本覺中現證唯一。唯一即諸佛境界。

【法護譯】 「若彼真如即無異真如，若無異真如即無種
類真如，若無種類真如即無來真如，若無來
真如即無去真如，若無去真如即如所說真
如，若如所說真如即無生真如。

「若無生真如即無染、無淨，若無染、無淨
即無生、無滅，若無生、無滅即涅槃平等，
若涅槃平等即無生死亦無涅槃，若無生死亦
無涅槃，即無過去、未來、現在，若無過
去、未來、現在，即無下、中、上法，若無
下、中、上法，彼即是真如，真如之名由是
建立。

【曇摩流支譯】 「文殊師利，言真如者，彼實際；言實際者，彼不異；不異者，彼未來真如。言未來真如者即是不異；言不異者，彼即真如。

「言即真如者，彼非常不真如。言非常不真如者，彼不染、不淨；言不染、不淨者，彼不生、不滅；言不生、不滅者，彼涅槃平等。言涅槃平等者，彼不在世間、不在涅槃；言不在世間、不在涅槃者，彼非過去、非未來、非現在；言非過去、非未來、非現在者，彼非下、非中、非上；言非下、非中、非上者即是如來。

【僧伽婆羅譯】 缺

【疏】　承接前段決定唯一，本段抉擇真如。真如即是萬法的根源，亦是一切存在的實相，同時亦是心的實相，由是即不能建立「異」，有異便不能包容一切，此即說真如唯一。

於唯一中，便不能建立種類，是即不能為個別的法建立個別的真如。這唯一的狀態是本然的存在，若非本然，就不能說是萬法的根源，因為非本然則必還須要有一個根源。如是決定真如為本然。既是本然，當然便沒有來去。這樣便可以建立「如所說真如」，意思是「這樣說的真如便是真如」，不須更作增上，是即為「無生真如」。

無生真如一切平等，遠離相對——無淨無染、無生無滅、輪涅平等，是即無生死亦無涅槃，遠離三時，遠離上中下法，此是諸法實相，實相所以是「真」，如其實相而覺，所以是「如」，真如之名由是建立。

這段經文，由抉擇與決定，說到觀修相應法得起平等覺。現證本覺即是現證如來，此亦即是觀修果，其道法全依觀修果而成抉擇與決定，故說為果地修。

【法護譯】 「此說真如亦名實性，此說實性亦名如性，此說如性亦即真如。真如與我而本無二亦無種類。無二義者即是菩提，菩提者覺了義。此所說義，即是證入三解脫門之智，宣說一切法智，解入一切法三世平等，一切法無破壞義。

「此所說義即是無義。無音聲、無記說，無詮表及詮表所起，此說名智。所謂義隨知智、識隨知智。此說智義即是如性智義、識隨知智義。如是勝義即是法性，彼法性義即是義隨知智、識隨知智。

「勝義隨知智。如其法性即如其義，若法性即法住性，法寂靜性，彼法寂靜即無所轉，若法無轉即文與義而悉平等；若文義平等即無二之義平等；若彼義平等義識亦平等，此即是為入無二門平等之智。由是世俗勝義而悉平等。世俗義平等故，即空義平等性平等；若空性義平等故，即補特伽羅平等性平等；若補特伽羅平等故，即法平等性平等；若法平等故，即信解平等性平等；若信解平等，彼覺了故即是菩提。

【曇摩流支譯】「言如來者，名為實語；言實語者，名為真如；言真如者，名為如實；言如實者，名為我；言我者即是不二；不二義者即是菩提；菩提者名為覺。覺者入三解脫門智；智者入三世平等一切法智。言義者，於一切法無差別義。義者，無名、無言、不可說。言智者，覺了一切法名為智、識知一切法名為智。言義者，知眾生及識智，了義即是法、法者即是義。義智、識智，了義智、法智，法住智、法體智，彼依法轉所轉義，自轉平等不二義。平等不二義即是平等，平等者即是義。所言義、識智平等者，即是入不二法門智，名為了義，非不了義。言平等者即是平等、即是空；言空者即是幻我平等；言我平等者即是法平等；言法平等即是離平等；離平等者即是覺平等；覺平等者即是菩提。

【僧伽婆羅譯】 缺

【疏】 佛現證正平等覺。所謂「覺」，相當於凡夫的「覺受」。覺與覺受不同，是因為境界不同。覺受的境界必然落於名言句義，亦即依着名言與概念來起覺受，是即有虛妄分別。覺的境界則不同，離分別而覺，所以是真如的境界。覺到萬象的實相所以「真」，如其實相而覺，更無名言句義的增上，是即「如」。

依此便可以說覺性即是「如性」。輪迴涅槃一切法，既都現證其「如性」，即由一切法「如如」（tathatā）而究竟無分別，所以就可以將這「如如」的境界建立為「我」，是即統攝法界為一大我，亦即「真如平等我」。法護譯的經文說「真如與我而本無二亦無種類」；曇摩流支所譯的經文說「言如實者，名為我，言我者即是不二」，便是這個意思。

這個「我」，非由作意建立而成，此乃法爾，本然的存在。近代有些學者執着「無我」的名言來否定如來藏，便等於否定本經這個說法，其實他們同時否定了深般若、否定了不二法門，許多經典都因此受毀壞。於說「我」時，是依無二、不二而說，亦即依真如境界而說，依佛證覺境界而說，所以不能用識境的名言我，來理解此處所說的真如

平等我。經文說到現證諸佛境界，一切說便
都依密意而說，學人若還用言說的「名言
我」來理解諸佛境界，可以說是破壞了佛的
全部密意。

我們還可以用唯識宗祖師無著論師的《大乘
莊嚴經論 • 菩提品》來說明這個法義。論中
有二頌云——

> 如前後亦爾　及離一切障
> 非淨非不淨　佛說名為如

> 釋曰：此偈顯示法界清淨相。「如前後
> 亦爾」者，所謂非淨，自由性不染故；
> 「及離一切障」者，所謂非不淨，由後
> 時客塵離故；「非淨非不淨，佛說名為
> 如」者，是故佛說是如非淨非不淨。是
> 名法界清淨相。偈曰：

> 清淨空無我　佛說第一我
> 諸佛我淨故　故佛名大我

> 釋曰：此偈顯示法界大我相。「清淨空
> 無我」者，此無漏界由第一無我為自性
> 故；「佛說第一我」者，第一無我謂清
> 淨如，彼清淨如即是諸佛我自性，「諸
> 佛我淨故，故佛名大我」者，由佛此我
> 最得清淨，是故號佛以為大我。由此義
> 意，諸佛於無漏界建立第一我，是名法
> 界大我相。

經文接着說「無二義者即是菩提」,「即是
證入三解脫門之智」,此即說,欲現證諸佛
境界,必須了知平等,由平等了知無二,然
後才能現證三解脫門,由是才能現證一切諸
佛境界。

經文接着解釋「無二義」的「義」。經文說
「此所說義即是無義」,說是「無義」,亦
即離一切言說之「義」,此「義」只能現
證,不能解釋與思惟,是即不可思議。當將
此「義」說為「智」時,便可以建立言說來
解釋。將智分為兩種,一是「義隨知智」、
一是「識隨知智」,二者平等。倘如說佛的
覺智是現證法性(同時也即是現證法身、法
界),那麼這法性便可以說是覺了一切法,
同時識知一切法,二者雙運,前者是勝義,
後者是世俗,二者雙運時便能見大平等性,
由是而說「我」。此即如上引釋文「諸佛於
無漏界建立第一我,是名法界大我相。」

對於如來藏系列經典說「我」,《圓覺經》、
《密嚴經》、《勝鬘經》等諸經;《寶性論》、
《佛性論》、《龍樹讚歌》等諸論,皆須用
此「我」來認知這些經論所說的法義,其
「我」,便應知為佛所覺了與識知的境界,
因為在這境界中,已不能分別一切法的種類
(是故可統攝稱之為「我」),既無一切法
種類分別,此「我」便可以說為如來藏,

《大乘莊嚴經論》同品有頌云——

> 一切無別故　得如清淨故
> 故說諸眾生　名為如來藏

> 釋曰：此偈顯示法界是如來藏，一切無
> 別故者，一切眾生一切諸佛等無差別，
> 故名為如。得如清淨故者，得清淨如以
> 為自性，故名如來，以是義故可說一切
> 眾生名為如來藏。

將佛現證智分為兩種，亦是方便。行者不可能由「義」的境界來觀修，必須依「識」的境界來觀修，所以經文對觀修作一決定，便說「若彼義平等義，識亦平等，此即是為入無二門平等之智」，是即由觀修先現證「識隨知智」（由識隨相應而得之智，此相應，前面已說觀修是與深固法相應），由是經文說「世俗義平等故，即空義平等性平等」，這是說「世俗義」與「勝義義」平等，此即由依識境觀修而得的決定。依此決定即可由信解平等而得覺了，由是而證「義隨知智」，識與義兩種隨知智隨即雙運，由是覺了雙運，即證菩提。

【法護譯】　「妙吉祥，若於色平等性有著有礙者，即於眼有礙，以色及眼自性智無所礙故；若於諸見有著有礙者，即於身有礙，以諸見趣身中自性空智無所礙故；若於不深固作意有著有礙者，即於法光明有礙，以深固作意伺察諸法自性空智無所礙故；若於疑惑垢染有著有礙者，即於解脫有礙，以信解解脫如實之智無所礙故；若於懈怠垢染有著有礙者，即於現證堅固精進有礙，以如所說法覺了之性無所礙故；若於諸障有著有礙者，即於七覺支法有礙，以無障解脫智無所礙故。應知一切法自性清淨，但由因緣和合而轉。

【曇摩流支譯】　「文殊師利，著色者即是著眼；著眼者即是
著自性；著見者即是著自我；著自身者即是
著自性空智。著不正念觀者即著法光明，觀法
不著；著懈怠垢者著證智，堅固精進。如實知
法，名為著；著五蓋菩提分，名為著。不著無
障解脫智，一切法自性清淨，因緣而有。

【僧伽婆羅譯】 缺

【疏】 本段經文是說觀修時的「自障礙」。行者於
觀修時已能離佛言說，得清淨解，但這清淨
解卻可能變成自障礙，因為清淨解其實只是
解脫由「見」而所生的障礙，此時稱為「見
覺」。行者卻容易隨即作意住入見覺之中，
既有所住，便即有障礙。《圓覺經》說「**有
照有覺，俱名障礙**」，照是由智來觀察一切
法，由此觀照而得覺，但這覺卻落入「義隨
知智」，是故即成障礙，令行人到此境界為
止，不能往上。

經文所說即是種種見覺的障礙，此如落於識
平等性，其見覺便即於眼有礙；落於諸見，
其見覺便於身有礙，因為覺的境界只落於
一個見地，而不是現證平等的法性，是故便
落於一個「觀修我」，而不是前說的「大
我」。曇摩流支譯比較簡明，說為見覺落於
自身，便會執着「自性空智」，還有，「**著
不正念觀者即著法光明**」，現在學佛的人便
常犯這兩個毛病，他們執着於自性空、法光
明，在觀修中追求現證此二者，那便會成為
對自身的執着，對不正念觀的執着。

所謂執着，即是將所觀修的法視為真實，而
不知只是方便加行。加行法說為方便，是即
不能將之作為究竟，法護譯的經文說「**以無**

障解脫智無所礙故，應知一切法自性清淨，
但由因緣和合而轉（生起）」。對「無障礙
解脫智無所礙」（不執着此智），然後才能
覺知一切法自性無可執着（由緣生如幻而知
無自性），無執着即是無礙、無所住，這才
是究竟知一切法自性清淨。

【法護譯】「而諸菩薩當善了知一切法中染因淨因，若染因，若淨因皆清淨已即無所住，謂我所起及見所起是染因，入無我法忍辱是淨因；我我所見是染因，於內寂靜、外無所行是淨因；欲瞋害尋是染因，慈悲喜捨、入伺察法忍辱是淨因；四顛倒是染因，四念處是淨因；五蓋是染因，五根是淨因；六處是染因，六念是淨因；七不正法是染因，七覺支法是淨因；八邪法是染因，八正法是淨因；九惱處是染因，九次第定是淨因；十不善業道是染因，十善業道是淨因。總要而言，一切不善作意皆是染因；一切善作意皆是淨因。

【曇摩流支譯】　「又，菩薩摩訶薩，如實知染淨因而不住染淨因中者，起我、起見是名染因，入一切法無我是名淨因；見我、我所是名染因，內寂靜、外不行是名淨因；欲瞋恨害覺觀是名染因，不淨、慈悲喜捨、入十二因緣、忍名為淨因；四顛倒是染因，四念處是淨因；五蓋是染因，五根是淨因；六入是染因，六念是淨因；七非淨法是染因，七覺分是淨因；八邪法是染因，八正法是淨因；九惱事是染因，九次第定是淨因；十不善業道是染因，十善業道是淨因；略說一切不善念是染因，一切善念是淨因。

【僧伽婆羅譯】　缺

【疏】　　　　　經文接着說一切諸法中的染因與淨因。為甚麼要說這個話題，因為「若染因，若淨因皆清淨已即無所住」，無所住便沒有執着，此即承接上段經文而說。

經文依善不善作意來分別淨因與染因，綜合法護譯及曇摩流支譯，可表列如下——

染因	淨因
起我、起見	入一切法無我
見我、我所	內寂靜、外不行（無我所）
欲、瞋、害、尋	慈悲喜捨、入伺察法忍
四顛倒	四念處
五蓋	五根
六處	六念
七不淨法	七覺支
八邪法	八正法
九惱處	九次第定
十不善業道	十善業道

表中名相略釋如下——

四顛倒：　常顛倒、樂顛倒、我顛倒、淨
顛倒

四念處：　身念處、受念處、心念處、法
念處

五蓋：　貪欲蓋、瞋恚蓋、惛眠蓋、掉
舉惡作蓋、疑蓋

五根：　信根、精進根、念根、定根、
慧根

六處：　眼處、耳處、鼻處、舌處、身
處、意處

六念：　念佛、念法、念僧、念戒、念
施、念天

七不淨法：　種子不淨、受生不淨、住處不
淨、食噉不淨、初生不淨、舉
體不淨、究竟不淨

七覺支：　念覺支、擇法覺支、精進覺
知、喜覺支、輕安覺支、定覺
支、捨覺支

八邪法：　邪見、邪思惟、邪語、邪業、
邪命、邪精進、邪念、邪定。

八正法：　正見、正思惟、正語、正業、
正命、正精進、正念、正定。

九惱事： 貪、瞋、癡隨眠性相煩惱及其
增上相煩惱，如是四種惱事；
無明住地所攝煩惱、見道所斷
煩惱、修道所斷煩惱、不淨地
所攝煩惱、淨地所攝煩惱，共
成九種惱事。

九次第定： 初禪次第定、二禪次第定、三
禪次第定、四禪次第定、空處
次第定、識處次第定、無所有
處次第定、非想非非想處次第
定、滅受想次第定

十不善業道： 殺生、偷盜、邪淫、妄語、兩
舌、惡口、綺語、貪欲、瞋
恚、邪見

十善業道： 不殺生、不偷盜、不邪淫、不
妄語、不兩舌、不惡口、不綺
語、不貪欲、不瞋恚、不邪見

【法護譯】 「若染因、若淨因，彼一切法自性皆空，無
眾生、無壽者、無養者、無補特伽羅、無主
宰、無攝受、無所作，如幻無相、內心寂
靜。若內寂靜是即遍寂，若遍寂即自性，若
法自性即無所得，若無所得即無依止，若無
依止即如虛空。當知染淨彼一切法與虛空
等，然彼虛空亦不壞法性。何以故。妙吉
祥，是中無有少法可得若生若滅。」

【曇摩流支譯】 「所言染因、淨因，彼一切法自性空，無
我、無人、無命、無壽者，無我所、無使
者。如幻無相，內寂靜；內寂靜者即是寂
滅；寂滅者即是自性清淨；自性清淨者即是
不可得；不可得者即是無處；無處者即是
實；實者即是虛空。何以故。文殊師利，無
有一法若生若滅。」

【僧伽婆羅譯】　缺

【疏】　　　如何不住染因淨因，由知一切法如幻無真實而不住，當知一切法如幻時，便不建立真實的眾生、真實的壽者（羅漢）、無養者（施主）、無補特伽羅（輪迴者）、無主宰（無佛），以至無攝受、無所作，一切皆如幻無相，是即內心寂靜，稱為遍寂（寂滅）。得寂滅即是自性清淨（住入法性），由是不可得、無依止，是即現證染淨一切法與虛空平等，亦即與如來法身平等。何以平等，因為無少法可得即無生滅（有所得才會執實生滅現象）。如來不生不滅，染淨諸法不生不滅，是故平等。

五、說如何取證菩提——現證諸佛境界

1 無根本無住

【法護譯】　　　妙吉祥白佛言：「世尊，若爾者，如來取證菩提，皆謂何乎。」

佛言：「妙吉祥，如來以無根本無住故得菩提。」

妙吉祥言：「何名根本。復何名住。」

佛言：「妙吉祥，有身為根本，依虛妄分別而住。諸佛如來以菩提平等故，即是一切法平等智，是故說名無根本、無住，如來以如是故現成正覺。

【曇摩流支譯】 文殊師利白佛言:「世尊,若法如是,云何如來得菩提。」

佛告文殊師利言:「文殊師利,無根、無住,如來如是得菩提。」

文殊師利言:「世尊,何者是根。何者是住。」

佛告文殊師利:「身見,名為根;不實分別,名為住。彼菩提平等,如來知一切法平等,是故,說如來無根、無住得菩提。

【僧伽婆羅譯】　文殊師利白佛言：「世尊，云何得菩提。」

佛告文殊師利：「無根無處，是如來得菩提。」

文殊師利白佛言：「云何為根。云何為處。」

佛告文殊師利：「身見為根，不真實思惟為處。文殊師利，如來智慧與菩提等，與一切諸法等，是故無根無處，是得菩提。

【疏】　現在說入果地修這個話題。妙吉祥菩薩問世尊，如來如何取證菩提。此即問既覺了果，復應如何由果地修。世尊開示十種觀修，現在所說是第一種。

經言，「如來以無根本無住故得菩提」。是即說應不落根本亦不落所住而修。

甚麼是「無根本」「無住」呢？佛言「有身為根本，依虛妄分別而住」。是即不執身見，不依虛妄分別。

身見即是執着五蘊為我，由是建立我與我所。這個「我」包括色身（色）與心識（受、想、行、識）；「我所」包括心行相之所取，內取心識，外取諸境。

虛妄分別是「法能相」。一切法依着一個性相來成立，此性相即名法能相。法能相即是虛妄分別，凡夫將一切法依虛妄分別而成立，是即住於虛妄分別。

如來現證正平等覺，是即現證一切法平等智，如來既與一切諸法平等，一切諸法便不能依於識境的身見與虛妄分別，只能依於如來，身與一切諸法都是如來法身上的莊嚴。

2 寂靜與近寂

【法護譯】「妙吉祥，當知諸法寂靜、近寂。何名寂
靜。何名近寂。內謂寂靜、外謂近寂。何以
故。以眼空故，我我所自性亦空，此名寂
靜；知眼空已，色無所取，此名近寂。以耳
空故，我我所自性亦空，此名寂靜；知耳空
已，聲無所取，此名近寂。以鼻空故，我我
所自性亦空，此名寂靜；知鼻空已，香無所
取，此名近寂。以舌空故，我我所自性亦
空，此名寂靜；知舌空已，味無所取，此名
近寂。以身空故，我我所自性亦空，此名寂
靜；知身空已，觸無所取，此名近寂。以意
空故，我我所自性亦空，此名寂靜；知意空
已，法無所取，此名近寂。

【曇摩流支譯】「文殊師利，言菩提者，名為淨、亦名寂
靜。何者為淨。何者寂靜。文殊師利，我我
所眼空。何以故。自性空故。如是，耳、
鼻、舌、身、意我我所空。何以故。自性空
故。是故，知眼空不著色，是故說淨。如
是，知耳空不著聲，是寂靜；知鼻空不著
香，是寂靜；知舌空不著味，是寂靜；知身
空不著觸，是寂靜；知意空不著法，是寂
靜。

【僧伽婆羅譯】　「文殊師利，菩提者寂靜。云何寂靜。內寂靜、外寂靜，何以故。眼即是空，非我非我所，耳鼻舌身意空，非我非我所，以知眼空於色不行，是謂寂靜。如是以知耳空，於聲不行，是謂寂靜。知鼻乃至意空亦如是。

【疏】　釋迦依前說無根本無所住，次第說現證菩提的觀修，現在所說，是依無根本無所住觀修諸法寂靜與近寂。「內謂寂靜、外謂近寂」，這亦等於是說無身見亦無所住。

經文舉例：「以眼空故，我我所自性亦空，此名寂靜」，此即謂「內」無身見。「知眼空己，色無所取，此名近寂」，此即謂「外」無所住。如是，耳、鼻、舌、身、意空，亦名寂靜；聲、香、味、觸、法無所取，亦名近寂，故知由內寂靜，即能去除身見，由外近寂，即能不住虛妄分別。

3 自性明亮

【法護譯】　　　「妙吉祥，菩提自性明亮，心自性明亮。以何因故說自性明亮。謂即自性無染污故、與虛空等，虛空自性而悉周遍，如虛空性，畢竟自性本明亮故。

【曇摩流支譯】　「文殊師利，菩提自性清淨，以自性清淨故。自性清淨者，所言自性清淨，彼不染如虛空、平等如虛空、自性同虛空。譬如虛空，本來自性清淨。

【僧伽婆羅譯】　缺

【疏】　　　　承前觀修即可見菩提自性明亮。前引《大乘莊嚴經論 • 菩提品》有頌云「一切無別故，得如清淨故」，又說「得清淨如以為自性，故名如來」，這便說明了菩提自性何以明亮，因為一切眾生一切諸佛等無差別，而且得清淨如以為自性。是即以自性無垢染而說為明亮（有垢染便是無明）。

總結三段抉擇，可決定此菩提自性如虛空性，周遍、本明，是即菩提境界。

4 無出無入

【法護譯】　「又妙吉祥，菩提無入、無出。何名無入、無出。謂無攝取，故名無入；謂無棄捨，故名無出。如來證解無入、無出，如所證解即同真如，無此無彼，以一切法離彼此故，是故如來現成正覺。

【曇摩流支譯】　「文殊師利，言菩提者，不取不捨。云何不取。云何不捨。言不取者，不取一切法，是故言不取；言不捨者，不捨一切法，是故言不捨。文殊師利，如來度大漂流，是故不取、不捨，而彼真如不見彼、此岸。如來知一切法離彼、此岸，故言如來。

【僧伽婆羅譯】　「文殊師利，菩提者，不動不行；不動者不取一切諸法，不行者不捨一切諸法。文殊師利，如來不動，則如如實，如如實者，不見此岸不見彼岸，不見此彼故，則見一切法，以見一切法故，稱為如來。

【疏】　　　　接着，承前三種抉擇，再抉擇如來的證解。今，證解菩提境界無入無出，即是無攝取無捨棄，不須要攝取一些甚麼東西才能證覺，亦不須要捨棄一些甚麼東西才能證覺，所以菩提的境界便離彼此分別，不見此岸（無捨），不見彼岸（無取），是即名為如來，若有此岸彼岸的分別而作取捨，則不能說「如」，亦不能說「來」，因為見一切法本無分別才能說為「如」，如其本然而見；無此岸彼岸分別才能說為「來」，否則只能為「來去」。

5　無相、無所緣

【法護譯】　「又妙吉祥，菩提無相亦無所緣。何名無相及
　　　　　　無所緣。謂眼識無所得，此名無相；色無所
　　　　　　觀，此名無所緣。耳識無所得，此名無相；聲
　　　　　　無所聞，此名無所緣。鼻識無所得，此名無
　　　　　　相；香無所嗅，此名無所緣。舌識無所得，此
　　　　　　名無相；味無所嘗，此名無所緣。身識無所
　　　　　　得，此名無相；觸無所覺，此名無所緣。意識
　　　　　　無所得，此名無相；法無所分別，此名無所
　　　　　　緣。妙吉祥，此等皆是諸聖境界，所有三界非
　　　　　　聖境界，由是應行聖境界故。

【曇摩流支譯】　「文殊師利，菩提無相、無觀。何者無相、
　　　　　　無觀。文殊師利，不見眼識名為無相，不見
　　　　　　色名為無觀；不見耳識名為無相，不聞聲名
　　　　　　為無觀；不見鼻識名為無相，不聞香名為無
　　　　　　觀；不見舌識名為無相，不知味名為無觀；
　　　　　　不見身識名為無相，不知觸名為無觀；不見
　　　　　　意識名為無相，不知法名為無觀。文殊師
　　　　　　利，是諸聖人境界，所謂三界境界。

【僧伽婆羅譯】　「文殊師利，菩提者，無相無緣。云何無相。云何無緣。不得眼識是無相，不見色是無緣；不得耳識是無相，不聞聲是無緣；乃至意法亦如是。

【疏】　此說菩提無相亦無所緣。經文舉例：眼識無所得，即是無相；眼既無所得，是故於色即無所觀，即是無所緣。如是，耳識、鼻識、舌識、身識、意識無所得而無相，於聲、香、味、觸、法無所緣。

無相亦無所緣是諸聖境界（八地至成佛的境界），行者住於三界中，應依諸聖境界而行。

6 離三時

【法護譯】 「又妙吉祥，菩提非過去、未來、現在，三世平等故，三輪斷故。三輪者，謂過去心不轉，未來識無取，現在意無動。彼心意識設有所住，而無分別不離分別，無計度不離計度，無過去已作、無未來領納、無現在戲論。

【曇摩流支譯】 「文殊師利，言菩提者，非過去、非未來、非現在，三世平等、三世清淨。文殊師利，何者是三世智。所謂過去法心不行、未來法識不去、現在法念不住。是故，如來不住心、意、意識；以不住，不分別、無分別；以不分別、無分別故，不見未來法、現在法，不戲論。

【僧伽婆羅譯】　「文殊師利，菩提者，非過去未來現在三世等，斷三世流轉。文殊師利，云何斷流轉。以於過去心，不起未來識、不行現在意，不動不住、不思惟、不覺、不分別故。

【疏】　菩提境界離三時，過去、現在、未來平等，說為「過去心不轉，未來識無取，現在意無動。」「心」是第八阿賴耶識，「識」指眼耳鼻舌身意六識，「意」是第七末那識，是故離三時，即能離心意意識（citta-mano-manovijñāna）。由是即離分別不離分別，離計度不離計度，如是智識雙運而成境界。

7 非身得、無所為

【法護譯】 「又妙吉祥，菩提非身得，無所為故。非身
得者，謂即眼識無所了知，耳、鼻、舌、
身、意識無所了知，以非心意識所了知故，
即是無為。此說無為，謂即無生、無住、無
滅三輪清淨。如其無為，於有為法應如是
知。何以故。一切法無自性故。以法無自
性，即法無有二。

【曇摩流支譯】 「文殊師利，菩提無身、無為。何者是無
身。何者是無為。文殊師利，無身者，所謂
非眼識知，非耳、鼻、舌、身、意識知。文
殊師利，若非心、意、意識知，彼無為。言
無為者，不生、不住、不滅，是故言三世清
淨無為。如無為知，有為亦如是。何以故。
所言一切法體者即是無體。無體者，彼處無
二言。

【僧伽婆羅譯】　「文殊師利，菩提者無形相無為。云何無形相。不可以六識識故。云何無為。無生住滅故，是謂斷三世流轉。

【疏】　菩提境界非由身得，亦非有所為而得。非由身得，即說眼耳鼻舌身意六識無所了知（知而不實）；既非了知，即不能有所作意而為（凡有作意都由概念而起，非由了知而起），於是即無真實的生住滅可得，所得唯是幻相，如是三輪清淨。一切法即成為離因果、無自性的無為法。於有為法亦應如是知，非因有所為而能得，是亦無自性。如是了知有為法無為法，即可證成一切法無二。

8 無差別句

【法護譯】　「又妙吉祥，菩提是無差別句。何名無差別，復何名句。謂無想是無差別，真如是句；無住是無差別，法界是句；無種種性是無差別，實際是句；無所緣是無差別，無動是句；空是無差別，無相是句；無尋伺是無差別，無想是句；無求願是無差別，無眾生是句；眾生無自性是無差別，虛空是句；無所得是無差別，無生是句；無滅是無差別，無為是句；無所行是無差別，菩提是句；寂止是無差別，涅槃是句；無所取是無差別，無生是句。

【曇摩流支譯】 「文殊師利，言菩提者，名為無差別足迹。何者無差別。何者足迹。文殊師利，無相名無差別，真如名足迹；無住名無差別，法名足迹；無異名無差別，實際名足迹；不可得名無差別，不動名足迹；空名無差別，無相名足迹；無覺名無差別，無願名足迹；不求名無差別，無眾生名足迹；眾生體名無差別，虛空名足迹；不見名無差別，不生名足迹；不滅名無差別，無為名足迹；無行名無差別，菩提名足迹；寂靜名無差別，涅槃名足迹；不起名無差別，覺名足迹。

【僧伽婆羅譯】 「文殊師利，菩提者，是不破句。云何不破。云何句。無相是不破，如實是句；無住處是不破，法界是句；不動是不破，空性是句；不得是不破，無相是句；不覺是不破，不作是句；不悕望是不破，無自性是句；眾生無自性是不破，虛空是句；不可得是不破，不生是句；不滅是不破，無為是句；不行是不破，菩提是句；寂靜是不破，涅槃是句；不更生是不破，不生是句。

【疏】　　　　本段經文說菩提是「無差別句」。是即佛證
解的菩提無有差別。

離一切想，即無差別。想蘊完全落於差別，
對一法有所「受」（感受），隨即便會生
「想」而起差別。此如我們看見一個人走進
屋內（受），隨即便會由差別來想這個人，
這是男人女人，這是好人壞人，這是陌生人
熟人，正因有此種種想的差別，然後才懂得
「行」（應付）。接着下來依「識」分別，
而成種種作意。這即是五蘊中後四蘊的心理
動態。

句（pada）即是定義概念，此如《入楞伽
經》說的一百零八句，生句，常句，相句等
等，即是生、常、相等名言的定義。凡夫即
常住在此等定義概念中，並依之而行，所以
「句」便等於是足印，人皆依此足印而行，
亦有將 pada 翻譯為足迹者，如本經曇摩流支
譯即是。

經文說無想是無差別，真如是句，此即謂依
真如而成無想，無想當然無差別。又如說空
是無差別，無相是句，此即謂依無相而成
空，如是說種種無差別句。今將經中所說無
差別句次第分列如下——

依真如而成無想。

依法界而成無住。

依實際而成無種種性。

依無動而成無所緣。

依無相而成空。

依無想而成無尋伺。

依無眾生而成無求願。

依虛空而成眾生無自性。

依無生而成無所得。

依無為而成無滅。

依菩提而成無所行。

依涅槃而成寂止。

依無生而成無所取。

9 非身證、無處所

【法護譯】

「又妙吉祥，菩提者非身可證。何以故。身雖有生，無思、無動，如草木瓦礫，其心如幻，空虛不實無所造作。

「妙吉祥，若於身心如實覺了，即是菩提。世俗所行非勝義諦。何以故。勝義諦中無身無心、無法無非法，無實無不實，無真無妄，無語言無非語言（等）一切法是菩提。

「所以者何。菩提無處所，非語言詮表，猶如虛空無處所故，亦無造作、無生、無滅，非語言詮表。如來以菩提無處所，無造作、無生滅，無詮表故。如實如理審伺察時，彼一切法悉無言說。菩提亦復如是，如實伺察時亦無言說。何以故。語言無實故，無生滅故。

【曇摩流支譯】「文殊師利，菩提者，不可以身得、不可以心得。何以故。文殊師利，身者頑礙，無覺、無心，譬如草木、牆壁、土塊影像；心者如幻，空無所有，不實、不作。

「文殊師利，身、心如實覺名為菩提，依世間名字非第一義。何以故。文殊師利，菩提非身、非心、非法，非實、非不實，非諦、非不諦，不可如是說。文殊師利，不可以一切法說菩提。

「何以故。文殊師利，菩提無住處可說。文殊師利，譬如虛空，無住處可說、無為，無生、無滅；菩提亦如是，無住、無為，無生、無滅可說。文殊師利，譬如一切世間之法，若求其實不可得說。文殊師利，菩提亦如是，以一切法說菩提實亦不可得。何以故。文殊師利，實法中無名字、章句可得。何以故。不生、不滅故。

【僧伽婆羅譯】　「文殊師利，菩提者，不可以身覺，不可以心覺。何以故。身是無知，如草木故，心者虛誑，不真實故。

「文殊師利，若謂菩提身心所覺，是依假名非真實義。何以故。菩提不身不心，不虛不實故。文殊師利，菩提者，非語言可說。

「何以故。如虛空無處所，不生不滅無名字故。文殊師利，一切法真實不可說。何以故。一切法非真實、無語言，不生不滅故。

【疏】上文既說菩提是「無差別句」，因此便可以說菩提非由「身心」來證（法護譯只說不可由身證），而且菩提亦無處所可住（不住於任何概念）。

為甚麼菩提不可由身心證，因為身心實在無知，一切所知都不真實，所以便不能用知不真實義的身心，來證真實義的菩提。

是故經言（依曇摩流支譯），「身者頑礙，無覺、無心，譬如草木、牆壁、土塊、影像；心者如幻，空無所有，不實、不作。」是故世俗依身心而行，身心所行必非勝義。菩提是勝義，因此無身無心，不可以一切法說菩提，菩提是無法無非法、無實無不實、無真無妄、無語言無非語言，如是等等。

由此即知菩提無處所，一如虛空無處所，是即無所住、無所依。既無所住，便離一切做作，亦離生滅等現象，且離言說。因為一生作意，便等於將菩提放在作意中；一落生滅現象，便等於將菩提放在現象中；一落言說，便等於將菩提放在名言中。作意、現象、言說顯現都不是菩提，是故菩提即由無處所離身心而證。

10 無所取、無所得

【法護譯】　「又妙吉祥，菩提無所取、無含藏。何名無所取。何名無含藏。了知眼故名無所取；色無所得名無含藏。了知耳故名無所取；聲無所得名無含藏。了知鼻故名無所取；香無所得名無含藏。了知舌故名無所取；味無所得名無含藏。了知身故名無所取；觸無所得名無含藏。了知意故名無所取；法無所得名無含藏。如來以是無所取、無含藏故，現證菩提。證菩提已，於眼無所取、色無所得、眼識無住；耳無所取、聲無所得、耳識無住；鼻無所取、香無所得、鼻識無住；舌無所取、味無所得、舌識無住；身無所取、觸無所得、身識無住；意無所取、法無所得、意識無住；以識無住故，乃名如來、應供、正等正覺。

【曇摩流支譯】　「文殊師利，言菩提者，名不可取、不可依。文殊師利，何者不可取。何者不可依。文殊師利，如實知眼不可取，不見色名為不可依；如實知耳不可取，不聞聲名為不可依；如實知鼻不可取，不聞香名為不可依；如實知舌不可取，不知味名為不可依；如實知身不可取，不覺觸名為不可依；如實知意不可取，不見諸法名為不可依。文殊師利，如是，如來不取、不依，名證菩提。如是，證菩提不取眼、不見色，是故不住眼識；不取耳、不聞聲，是故不住耳識；不取鼻、不聞香，是故不住鼻識；不取舌、不知味，是故不住舌識；不取身、不覺觸，是故不住身識；不取意、不知法，是故不住意識。文殊師利，如來不住心、意、意識，是故得名如來、應、正遍知。

【僧伽婆羅譯】 「文殊師利，菩提者，不可取無處。云何不可取無處。眼識不可取，不得色為無處；耳識不可取，不得聲為無處；鼻乃至意法亦如是。菩提者，不可覺，以眼不取故不得色，不得色故識無住處；耳不取故不得聲，不得聲故識無住處；乃至意法亦如是。

【疏】　由菩提離身心離處所而證，即可說菩提無所取、無所依（法護譯無含藏），是即不能由身心而取，有處所可依。

眼耳鼻舌身意不可取，色聲香味觸法不可依，若取前者即是未離身心，若依後者即是安立處所（如色為眼所依的處所，聲為耳所依的處所等，若有所依，菩提便是色界、聲界等）。

是故經言（依曇摩譯）「文殊師利，如是，如來不取不依，名證菩提」，是即不取眼，不住眼識而見色，同樣，不取耳、鼻、舌、身、意，不住耳識、鼻識、舌識、身識、意識，而取聲、香、味、觸、法。如是，「如來不住心、意、意識，是故得名如來、應、正遍知。」

本段經文是行者的決定，上來已作八種抉擇，然後得此決定，行者觀修菩提，即循此路徑，於觀修時作種種抉擇，最後得一決定，依決定觀修而成現證菩提。

六、兩種菩提心雙運

【疏】　　　　勝義菩提心說為空性，一般學人誤解空性，認為「因為緣生所以性空」，是即由緣起建立性空，這種建立不是勝義菩提心所證之空，只是依心識分別計度出來的空性。學人亦覺得這樣的建立不妥，所以便補充說「緣起本身亦空」，所以是「空故緣起，緣起故空」。這說法其實是邏輯混亂，等於說「富有是富人、富人故富有」。除了不合邏輯外，其實亦不能說由於「空」所以才能成立「緣起」，因為這說法已入惡取空邊。佛說惡取空，彌勒瑜伽行說惡取空，都說是：若由於甲說乙為空，但同時亦說甲為空，此即惡取。誤解緣生性空的學人正陷入這種缺失，他們是：由於緣起說自性為空，同時亦說緣起為空。

現在本經說菩提心，顯然與上來所說的學者不同，依勝義菩提心說空性，決定為「**勝義諦中無法可得乃說名空**」，空只是名言，是即「說名空」，如是說空，與緣生無直接關係，亦與緣起空無關。

本經依世俗菩提心，說一切法如實句，即是如佛之所說，如契經之所說，說一切法無所得。佛說無所得是因為一切法如幻，一切法如幻則由緣生而說，譬如陽燄，遠處見為

水，近處則無所見，這便是緣生的好例。由遠至近便是緣的改變，是故緣生法如幻。世俗如幻，即是菩提，這是對世俗菩提心的決定。由是本經即說世俗菩提心所覺的境界，是如實見蘊處界，如實見四大，如實見三時，如實見我，如實見無漏、無取。

正因兩種菩提心的決定，才可以雙運，因為都是「如實」，如實見空，如實見世俗，即是佛的如實見，本然雙運。

本經說兩種菩提心雙運，便是一切諸佛境界，所以如實，不識兩種菩提心雙運，而唯知緣生說為性空的學人，則完全是心識建立的計度，如計因為緣生所以無自性，無自性便即是空性，這其實是對緣生作兩重增上。

如是了知兩種菩提心雙運，始能讀下來的經文。

1 勝義菩提心

【法護譯】　　「又妙吉祥，當知眾生有四種法而住於心。何等為四。謂色、受、想、行，一切眾生而住其心。謂以眾生於四法中心有住故，如來乃說不生、不滅、無所了知，建立菩提名之為空。以菩提空故，即一切法空，如來亦空，以是空故現成正覺。

「妙吉祥，非為空故取證菩提亦空，當知法中有一理智，所謂空性。以菩提不空故即菩提無二，是故菩提及空悉無種類。何以故。彼一切法本無二故，無狀貌、無種類，無名無相、離心意識、無生無滅、無行無不行，亦無積集、無文字、無忘失，由如是故，乃說諸法空無所取，此中所說非勝義諦，謂勝義諦中無法可得乃說名空。

【曇摩流支譯】「文殊師利，眾生有四種心住法，依彼四種心住法。何等為四。所謂眾生依色心住，如是，受、想、行等，是為眾生依四種心住。文殊師利，此四種心住法，如來如實知不生不滅，是故名為佛。文殊師利，言菩提者，名為空。文殊師利，如彼一切法空不異菩提空，菩提空即一切法空。如彼一切法空，如來如實知名為覺者。

「文殊師利，非空空知。文殊師利，空者即菩提，菩提即是空。文殊師利，空中無空、亦無菩提、亦無二。以何等法為空，何等法為菩提而說二名。何以故。文殊師利，一切無二、無相、無差別，無名、無相，離心、意、意識，不生、不滅，不行、無行、不集，無字、無聲。文殊師利，言空者，名取戲論。文殊師利，而第一法中無法可得，名為空。

【僧伽婆羅譯】 「文殊師利，菩提者，是說空，以空一切諸法故，空是如來所知，空是如來所覺。文殊師利，不從空有空，為如來所覺。何以故。以無相故。

【疏】 此段經文，法護譯恐易混淆，故亦依曇摩流支譯疏釋，此譯比較清晰。

說勝義菩提心，即說如何安立空性，法護譯中此譯句明確，彼言「勝義諦中無法可得乃說名空」，這便是對勝義菩提心的決定，勝義依於世俗，世俗無法可得，勝義即說此為空。全段經文便是闡釋這種意思。

經文先由眾生心識說起。眾生依於五蘊：色、受、想、行、識。眾生心住於色，即是心識住於物質世間，執着物質世間的現象（有相），如是受、想、行、識依次起用，所以說「依四種心住法」。既依四種心住，如是一切法即見有生滅等現象，且執以為實，如來如實知不生不滅，所以說為「覺者」（佛即是覺者），覺，是覺菩提心，菩提心本來唯一，但在言說上，卻必須說之為二，然後才可以觀修觀行，因為修行必須依識境，若不依識境，凡夫即無法可修。上來大段經文說如何取證菩提，共分十段，第三段說自性明亮，是說行者得寂靜後所起的心境；第十段說無所取無所得，是如何取證菩提心的決定，除此兩段外，其餘八種都是觀修的抉擇，現再依次第分列如後以便讀者——

無根本無住 → 寂靜與近寂 →
無出無入 → 無相、無所緣 → 離三時

　　　→ 非身得、無所為 → 無差別與句 →
　　　非身證、無處所

由上列即可知，觀修時都立足於識境，由識
境才能說根本與住、寂靜與近寂、出入、
相、所緣、三時、身得與所為、差別與句、
身證與處所等等，行者必須離了這些識境然
後才能取證菩提，這便是行者的觀修與觀
行，既然這樣，說菩提心便必須指出眾生依
四種心住，才有上述種種識境現行，證菩提
心便是如何遠離這四種心行（citta-carita）。

經文先由「空」說。「空」是勝義菩提心的
主體，所以經文說「言菩提者，名為空。」
現證這個空（現證菩提），是由一個決定而
來，這決定是「如彼一切法空不異菩提空，菩
提空即一切法空。如彼一切法空，如來如實
知，名為覺者。」接着經文便闡釋這個決定。

並不是有一個真實的空，所以取證菩提為
空，於實際中，「空中無空，亦無菩提」。
空是施設，說菩提為空亦是施設，是依一切
法空來施設，所以便可決定「一切法空不異
菩提空，菩提空即一切法空。」佛之所覺，
並不是覺到有一個「空」的菩提，只是如實
而覺一切法空（覺一切法自性即是如來本
性），這樣便現證菩提的勝義，如來本性便
是殊勝勝義。所以經文最後作一究竟決定：
「文殊師利，而第一法中無法可得，名為

空。」法護譯亦說：「諸法空無所取，此中
所說非勝義諦[7]，謂勝義諦中無法可得乃說名
空。」依曇摩譯即容易理解法護譯。

建立菩提勝義空，只是為了方便行人觀修觀
行，首先抉擇一切法無二（由一切法無根本
無住、寂靜與近寂建立），接着便可完成上
述的種種抉擇，最後得究竟決定，菩提非
由身心證，亦無所得，所以經文才會說到
「一切無二、無相、無差別……」種種，
且言「文殊師利，言空者，名取戲論。」知
道安立「空」這個名言，其實亦是戲論（為
方便而建立的言說），便不會將此戲論作為
勝義的現證。

7　由無相等而成無所取，說之為空，非勝義，因為這還是依着識境的無相等
　　而說空。勝義諦是說，勝義境界中無世俗可得。

【法護譯】　「妙吉祥，譬如虛空故，此說虛空者，謂無言故名為虛空。妙吉祥，空亦復如是，此所說空，謂無言故名之為空。若如是解入即一切法無名，以無名故彼一切法假名施設。

　　「妙吉祥，名者不在方不離方，如名不在方不離方故，於法名字乃有所說，其所說法亦不在方不離方，彼一切法亦復如是。如來了知本來如是，不生不滅、無起無相，離心意識、無文字、無音聲，如所了知亦然解脫。妙吉祥，當知一切法無縛、無解。」

【曇摩流支譯】　「文殊師利，如說虛空。虛空而無虛空可名，名為虛空。文殊師利，空亦如是，說名空空，而無法可說，名之為空。如是入一切法，是名入一切法門。文殊師利，一切法無名而依名說。

　　「文殊師利，如名非此處、不離此處，如是依名說。何等法。彼法非此處、不離此處。如是，文殊師利，如來如實知一切法本來不生、不起、不滅，無相，離心、意、意識，無字、無聲。」

【僧伽婆羅譯】　「復次文殊師利，菩提因智亦是空性。何以故。以無相故。文殊師利，空及菩提悉無所有，無二無數、無名無相，離心意識，不生不滅、無行無處，非聲非說。文殊師利，但以名字說，實不可說。

「文殊師利，如來悉知一切諸法從本以來，不生不起不盡不滅，無名無相離心意識，如是知故如是解脫，亦不繫縛亦不解脫。」

【疏】　勝義菩提心譬喻為虛空，並非有一個真實的虛空可以說為虛空，所以說「空」亦非有一個真實的空。這是對「虛空」與「空」的抉擇。由此抉擇可得一決定，「一切法無名，以無名故彼一切法假名施設」，無名即是說名字不真實。曇摩譯「一切法無名而依名說」，譯得比較簡明。

所以說「名」，不在方不離方，即是不在世間亦不離世間、不依處亦不離處，是即依世間來建立名，然而法的真實並不依於世間現象。由是才可以說「如來了知本來如是」。世間一切法的本質本來就是這樣，並不能依於顯現出來的現象來決定他的本質，這樣便可以決定一切法「不生不滅、無起無相，離心意識、無文字、無音聲，如所了知亦然解脫。」此即「自顯現自解脫」，這是觀修菩提心必須得到的決定。

【惟淨譯】

佛言：「妙吉祥，菩提者與虛空等，謂以虛空無高無下，菩提亦然，無高無下，由是如來成等正覺。雖成正覺，亦無少法如微塵許若高若下諸所施作，此如是法，若如是知即是實智。

「妙吉祥，以何義故名為實智。謂一切法了無根本、無生無滅，彼無實性亦無所得，若有實性即是滅法，彼雖有生而無主宰復無攝受。妙吉祥，若無主宰、無攝受法即是滅法，此等諸法若生若滅，當知皆是緣法所轉，亦非此中有少法可轉，然佛如來不於諸法說斷滅相。

【曇摩流支譯】 「文殊師利，言菩提者，如虛空平等。虛空非平、非下、非高，菩提亦非平、非下、非高。何以故。文殊師利，法無實有。文殊師利，若法無實有，云何說平等，非下、非高。文殊師利，如來如是覺一切法平等，非高、非下。如是覺已，無有少法不平等，不高、不下。如彼法住，如是，如如實智知。

「文殊師利，何者是如實智。文殊師利，如實知一切法者，一切法無，本來不生、不滅。法本不生，生已還滅。彼諸法，無作者、無取者而生，無作者、無取者而滅。文殊師利，諸法依因緣生、無因緣滅，無實道者。是故，如來為斷道者說法。

【僧伽婆羅譯】　「文殊師利，菩提者，與虛空等。虛空者，不平等非不平等。菩提者，亦不平等非不平等。如是法相，如來所覺。文殊師利，如阿㝹微塵，不等非不等，一切諸法亦如是，以真實智能如是知。

「文殊師利，云何真實智知諸法，未生者生，生已即滅。彼一切諸法無生，無所攝故。

【疏】　既說言虛空離名，便接着依這個譬喻來解說，何以譬喻「菩提者與虛空等」，那是因為「虛空無高無下，菩提亦然無高無下」（虛空平等，菩提亦平等）。如來現證的即是平等正覺（「等正覺」）。於等正覺境界中，無微塵少許法可如施設建立高下。這便是如來所證的實智。

所以說勝義菩提心，便須依如來所現證的實智而說，於此實智中，其境界，即與行者觀修時的抉擇境界與決定境界相同，因為行者的抉擇與決定若與實智相違，那抉擇與決定便一定錯誤。上來已說四種決定：一切法不生不滅、隨緣自顯現、大平等性、覺了諸佛境界。所以如來實智亦可依此四者而說。說二轉法輪的深般若，便可說為四種差別[8]：由不生不滅說為「無

8　參見拙〈諸宗般若差別〉，收《大圓滿直指教授密意》附錄，全佛 2016。

有」；由隨緣自顯現說為「圓成」；由大平等性說為「平等」；由覺了諸佛境界說為「唯一」。由是可知，如來藏便即是深般若波羅蜜多。執着分別來看二轉三轉法輪的人，便是不知道如來如實智。

「一切法了無根本、無生無滅」，因為無實性無所得，倘如一切法有實性，那麼滅這個現象便是滅真實，是即斷滅世間。

一切法無作者無攝取者，非依作者而顯現為生滅，亦非依攝取者顯現為生滅，因為是隨緣生滅。既是隨緣生滅，便是如幻而生滅。此實智境即與「隨緣自顯現」的決定相同。

至於決定大平等性，則與虛空喻相同，一切法無高下。

覺了諸佛境界即是唯一，即前面所說的「一切法無名而依名說」，一切法無名，是即不能依名分別，說有能所，既無二法，是即唯一。

2 世俗菩提心

【惟淨譯】

「復次，妙吉祥，菩提者即是如說句。以何義故名如說句。如說句者即是菩提。如其菩提，色、受、想、行、識亦然，而不離真如；如其菩提，眼、耳、鼻、舌、身、意，色、聲、香、味、觸、法處亦然，而不離真如；如其菩提，眼界、色界、眼識界，耳界、聲界、耳識界，鼻界、香界、鼻識界，舌界、味界、舌識界，身界、觸界、身識界，意界、法界、意識界亦然，而不離真如；如其菩提，地界、水界、火界、風界亦然，而不離真如。此等諸法如是施設，其所施設謂蘊、處、界，由是如來成等正覺，所成正覺離顛倒法。

「如其先法，後法亦然、中法亦然，前際不生、後際不去、中際性離，此如是法是即名為如所說句。如其一法，多法亦然；如其多法，一法亦然。妙吉祥，若一性若多性皆無所得。

「若有相、若無相，無入無住。何名為相。何名無相。所言相者，謂即生起一切善法；言無相者，謂一切法無所得故。又相者，謂即心無所住分位；無相者，即無相三摩地解脫法門。又相者，即一切法思惟稱量算數伺察；無相者，謂出過稱量。何名出過稱量。謂識法無故。又相者，即有為伺察；無相者，即無為伺察。

【曇摩流支譯】「文殊師利，言菩提者，名為如實足迹。文殊師利，何者是如實足迹。文殊師利，言如實足迹者即是菩提。如菩提，色亦如是不離如；如是，不離如受、想、行、識。如菩提，地界如不離如；水、火、風亦不離如。如菩提，如是，眼界、色界、眼識界不離如。文殊師利，如菩提，耳界、聲界、耳識界不離如。文殊師利，鼻界、香界、鼻識界不離如；舌界、味界、舌識界不離如；身界、觸界、身識界不離如；意界、法界、意識界不離如。文殊師利，一切法假名法者，謂五陰、十二入、十八界。彼法如來如實覺，非顛倒覺。

如彼法住本際、中際、後際，如來如實知本際、中際、後際。如彼法本際不生、未來際不去、現在際不住，如實知如。彼法足迹，如一法，一切法亦如是；如一切法，一法亦如是。文殊師利，而一多不可得。

「文殊師利，入一切法，阿門、無阿門。文殊師利，何者阿門。何者無阿門。文殊師利，言阿者，初發一切善根法；無阿者，不見一切法。言阿者，心不住能令住；言無阿者，無相三昧解脫門。言阿者，稱數觀諸法相；言無阿者，名為過量。何者是過量。謂無識業。言阿者，觀有為法；言無阿者，觀無為法。

【僧伽婆羅譯】 「文殊師利，菩提者如實句，如實句者，如
菩提相不離如實，色受想行識不離如實；如
菩提相地界不離如實，水火風界不離如實；
如菩提相眼界、色界、眼識界不離如實，乃
至意界法界意識界亦不離如實，此謂如實
句。

「文殊師利，菩提者，以行入無行。文殊師
利，云何行。云何無行。行者緣一切善法，
無行者不得一切善法；行者心不住，無行者
無相解脫；行者可稱量，無行者不可量。云
何不可量。無可識故。

【疏】 說菩提即是「如實句」（惟淨譯為「如說句」，
契合佛說即名如說，是故如說即是如實），
由如實句而說世俗菩提心。

依菩提即是如實句，可抉擇蘊處界都是菩提
（由世俗菩提心覺世俗）。

如實句即是菩提，佛說色受想行識五蘊，即
依佛所覺世俗而說，所以五蘊即是不離真如
的世俗，凡夫執五蘊為我，即離真如，亦不
如實。如是，眼等六根、色等六塵，以及眼
緣色等六處，亦是菩提，不離真如，是亦世
俗。五蘊、十二處等都為世俗，則十八界亦
是菩提，不離真如，同是世俗。且說構成世
間的四大亦是菩提，不離真如。

接著依菩提即是如實句，可抉擇三時都是菩

提，所以無過去法（先法）、現在法（中法）、未來法（後法）；亦無前中後際。既離三時，即離三時的生滅現象（生滅必依三時而顯現）。離現象便無一多。一切法如一法，一法如一切法，是即三時不可得，一多不可得，是即世俗菩提。

更者，抉擇一切法離我。曇摩流支依「我」之梵文 ātman 音譯為「阿門」；惟淨則意譯為有相無相，意即有我無我。

若有我，即成有相，如是即生起一切善法；若無我，即一切法無所得，是故心本無所住而成有所住，即由有我而成有相，若入無相三昧解脫門，即一切法無所得，以成無我故。復次，若有我有相，即有稱量、計度、伺察，如是即成偏計分別種種有為法；若無我無相，是即超越稱量計度等而成無為。

【惟淨譯】 「復次，妙吉祥，菩提者即是無漏無取。何名無漏。何名無取。無漏者，謂離四種有漏之法。何等為四。一者欲漏，二者有漏，三者無明漏，四者見漏。無取者，謂離四種取著之法。何等為四。一者欲取，二者見取，三者戒禁取，四者我語取。如是四取，悉由無明暗蔽、愛法滋潤，互相取著。

【曇摩流支譯】 「文殊師利，言菩提者是無漏、無取法。文殊師利，何者是無漏。是無取。文殊師利，言無漏者，謂離四漏。何者為四。謂：欲漏、有漏、無明漏、見漏。以不取彼四種漏故，是故名為遠離諸漏。文殊師利，何者無取。謂離四取。何等為四。謂：欲取、見取、我取、戒取。以此諸漏，眾生為無明所闇、愛水所潤，迭共相因，虛妄取著。

【僧伽婆羅譯】　「文殊師利，菩提者，無漏無取，無漏者滅四流故。云何為四。欲流、有流、見流、無明流，不著此四流，是謂滅四流。無取者滅四種取。云何四取。欲取、見取、戒取、我語取，此謂四取。此一切取，無明所闇，渴愛所欺，以展轉相生故。

【疏】　　　說世俗菩提心，說其為無漏無取。世俗有漏有取，覺了世俗的菩提則無漏無取。

無漏是離四種有漏法。一、**欲漏**即是貪愛貪欲；二、**有漏**是將無有法依名言句義建立為有；三、**無明漏**是依住於戲論分別，由此業力而成習氣；四、**見漏**是住入邪見、住入宗義。

無取是離四種執着（取着）。一、**欲取**專指欲界眾生，通指由愛而生的貪欲；二、**見取**即是依邪見或宗義而生取着，此取通指三界；三、**戒禁取**是取非正因非正道為正因正道，此取亦通指三界；四、**我語取**指緣內身所起之執着，此取專指色界無色界而言，其貪、慢、無明、疑，即其煩惱。

漏與取都為無明所暗，復由於愛，於是生起漏與取着，是故修世俗菩提心，所首須斷除的便是愛着，若無愛着，自然無漏無取。

3 勝義世俗雙運

【惟淨譯】　「妙吉祥，若或本初於我語取根本，能了知者即我清淨。我清淨已，隨知一切眾生清淨，由我清淨故即彼一切眾生清淨；若一切眾生清淨即法無二、無二種類，彼無二義即無生無滅。

「妙吉祥，若無生無滅即無心意識可轉；若無心意識可轉即無分別；若無分別即深固作意相應，無明不能發起；若彼無明不發起者即十二有支亦不生長；若十二有支不生長者即法無生；若法無生即法決定；若法決定即調伏義；若調伏義即是勝義；若其勝義即離補特伽羅義；若離補特伽羅義即不可說義；若不可說義即緣生義；若緣生義即是法義；若法義即如來義。

「如是所說，若見緣生即能見法；若能見法即見如來，彼諸所見；若其如理審伺察時，是中亦無少法可見。妙吉祥，何名少法。謂心所緣。若無心所緣即無所見。由如是法故，如來成等正覺，平等故平等。

【曇摩流支譯】　「文殊師利，如來如實知我根本，以我清淨如實知一切眾生清淨。所言我清淨、一切眾生清淨，此二無二、無差別義，即是無生、無滅。文殊師利，無生、無滅，何等法處心、意、意識所不能知。文殊師利，何等法上無心、意、意識。彼法中無分別，分別何等法而生不正念。是故，菩薩生於正念。生正念者，不起無明；不起無明者，不起十二有支；不起十二有支者，彼是不生；不生者即是位；位者即是了義；了義者即是第一義；第一義者即是無我義；無我義者即是不可說義；不可說義者即是因緣義；因緣義者即是法義；法義者即是如義。

「是故，言見因緣者即是見法，見法者即是見如來。所言見者，雖見諸法而無所見。文殊師利，言有所見者，謂見心、見觀。如來不見心。若不見心、不見觀，彼是見實。文殊師利，彼諸法如是平等，如來如彼法平等而知。

【僧伽婆羅譯】 「文殊師利，以如實智斷我語取根，取根斷故身得清淨，身清淨者是無生滅。文殊師利，無生滅者，不起心意識，不思惟分別，若有分別則成無明。不起此無明則無十二因緣，無十二因緣即是不生，不生即是道，道是了義，了義是第一義，第一義是無我義，無我義是不可說義，不可說義是十二因緣義。十二因緣義是法義，法義是如來義。是故我說，若見十二因緣即是見法，見法即是見佛，如是見無所見。

【疏】 經文說「若或本初於我語取根本」，即是說依佛言說而取密意，密意便是佛的根本、佛的真實，因此曇摩譯及僧伽譯都譯為如實。依佛言說的密意即是清淨，因為言說有名言句義，密意則離名言句義。《入楞伽經》先說一百零八句，便是說須離種種句義，然後才能讀經而知經文的密意，今人或有依言說來理解此經者，於是便說此經「不純」，或甚至否定此經所說的如來藏。須知世俗即是世間與眾生，眾生執實眾生與世間，亦執實言說，倘若對佛所說亦依言說來理解，那便是依語不依義，因此說世俗菩提心時，非強調離言而依密意不可。

知佛密意即知如來清淨（如實），因為離去名言句義戲論分別，是故清淨，說「清淨大平等性」，應該這樣來理解何謂清淨。既知如來清淨，當亦隨知一切眾生清淨。因為一切眾生的自性即是如來本性，是故平等，說「清淨大平等性」，應該這樣來理解何謂大平等性。由清淨大平等性即可抉擇，眾生清淨即法無二，無二即無生無滅（生滅相對為二）。

接着下來抉擇，無生無滅即無心意識可轉（無心意識轉起的法），由是一路重重抉擇，即建立無分別、與深固作意相應、無明不起、十二有支不生長，如是決定一切法無

生。由此決定，即成調伏，眾生認為有生，令之悟入無生，調伏其邪見，此決定便是勝義。

依此勝義再作抉擇，此勝義由離補特伽羅而得（由無我而得），此義不可說，因為若落於「無我」的句義，很容易毀壞世俗，令世俗成為斷滅，這便是今人所說的「虛無主義」，亦是佛所呵責的「斷滅空」、「惡取空」。此不可說，可用「緣生」來說，說緣生並不是為了說空，密意是說一切法緣生如幻、如陽燄、如乾闥婆城[9]，是故可用水中月、鏡中影來說一切法的顯現，月影自性必為水性，鏡影自性必為鏡性，眾生依於如來法身而隨緣自顯現，是故眾生自性即如來本性，所以經文說「若緣生義即是法義、若法義即如來義。」讀者可留意經文，這裏並沒有說緣生義即是空義。

經文接着作一決定，「若見緣生即能見法、若能見法即見如來」，這便是說，見世俗法緣生，即能見勝義如來。見緣生，即於相礙緣起中見一切諸法任運圓成而成世俗，是即同時見如來功德，這便是勝義菩提心與世俗菩提心雙運，於雙運時，一切所見「亦無少

9　《入楞伽經・集三萬六千一切法品》說「見一切法如陽燄、如夢、如髮網」，是為「內自證聖智相」。此即究竟觀修境界。見此等法為緣生，即見此等法之任運圓成，其圓成相如幻，是故為佛內自證智所見相。

法可見」。何謂少法，即心所緣諸法。由落
於名言句義與戲論分別，然後心才有所緣，
若無所緣，即無所見，因為緣名言句義戲論
分別而見，必不真實。所以說「若緣生義即
是法義」，便即是「非見非非見」，是即勝
義世俗雙運而見，由勝義理解「非見」，由
世俗理解「非非見」，如是即不壞世俗。

【惟淨譯】

「復次，妙吉祥，菩提者，是清淨義、無垢義、無著義。何名清淨。何名無垢。何名無著。謂空解脫門即是清淨；無相解脫門即是無垢；無願解脫門即是無著。無生是清淨；無作意是無垢；無起是無著。自性是清淨；圓淨是無垢。明亮是無著。無戲論是清淨；離戲論是無垢；戲論寂止是無著。真如是清淨；法界是無垢；實際是無著。虛空是清淨；寥廓是無垢；廣大是無著。了知內法是清淨；外無所行是無垢；內外無所得是無著。了知蘊法是清淨；界法自性是無垢；離諸處法是無著。過去盡智是清淨；未來無生智是無垢；現在法界安住智是無著。妙吉祥，此如是等，清淨、無垢、無著諸義，於一句中普能攝入，謂寂靜句。若寂靜即遍寂，若遍寂即近寂，若近寂即寂止，若寂止此說即是大牟尼法。

【曇摩流支譯】「文殊師利，言菩提者，名為淨、無垢、無點。文殊師利，何者為淨。何者無垢。何者無點。文殊師利，空名為淨，無相名無垢，無願名無點。文殊師利，無生名為淨，無行名無垢，無起名無點。文殊師利，自性名為淨，善根淨名無垢，光明圓滿名無點；無戲論名為淨，離戲論名無垢，寂滅一切戲論名無點；如名為淨，法界名無垢，實際名無點；虛空名為淨，無礙名無垢，不見名無點；內清淨名為淨，外不行名無垢，內、外不見名無點；陰聚名為淨，法界自體名無垢，十二入無去名無點；過去盡智名為淨，未來無生智名無垢，現在住法界智名無點。文殊師利，略言淨、無垢、無點，入一平等法足迹中，所謂寂靜足迹；言寂靜足迹者即是寂滅；寂滅者即曰淨；淨者即是聖。

【僧伽婆羅譯】　「文殊師利，菩提者，清淨、無垢、無煩惱。文殊師利，空是清淨，無相是無垢，無作是無煩惱。復次不生是清淨，無為是無垢，不滅是無煩惱。復次自性是清淨，清淨是無垢，無垢是無煩惱。復次無分別是清淨，不分別是無垢，滅分別是無煩惱。如實是清淨，法界是無垢，真實觀是無煩惱。虛空是清淨，虛空是無垢，虛空是無煩惱。內身智是清淨，內行是無垢，不得內外是無煩惱。知陰是清淨，界自性是無垢，不捨諸入是無煩惱。於過去盡智是清淨，於未來不生智是無垢，現在法界智是無煩惱。文殊師利，此謂清淨、無垢、無煩惱，此即寂靜。寂靜者內外寂靜，內外寂靜者是大寂靜，大寂靜故說名牟尼。

【疏】　由上來的抉擇與決定,「若緣生義即是法義、若法義即如來義」,即知一切法皆由勝義與世俗雙運而建立,勝義能見智境,世俗能見識境,是即智境與識境雙運而見一切法,勝義見為「非有」,世俗見為「非非有」,故一切法義即是「非有非非有」,是即「非見非非見」。由此決定,即可決定何為菩提。

經文說菩提「是清淨義、無垢義、無著義」,此於「說如何取證菩提──現證諸佛境界」時其實已說,菩提自性如虛空性,周遍、本明。如虛空性是清淨義、本明是無垢義、周遍是無著義。對一切法都離名言句義、戲論分別而見,是即清淨,亦可說此為出離世間而得清淨;一切諸佛與一切眾生等無差別,由是菩提自性明亮,是即無垢,亦可以說,是因為世間不污染如來法身而說無垢;佛現證覺是覺了空性,如來法身施設為空,世俗一切諸法依如來本性亦說為空,以空故,如來與世間都無取無依,亦不能取着施設出來的空性,是即無著。

由清淨建立空解脫門,是依勝義與世俗雙運而建立,此中雙運相如虛空與雲彩。

由無垢建立無相解脫門,是依雙運境界中的世俗而建立,此中世俗相無污染,如雲彩變現而不染虛空,故虛空本明可見。

由無著建立無願解脫門，是依雙運境界中的
勝義而建立，此中勝義周遍一切界，如虛空
之周遍，一切界都具如來法身功德。

經文依三解脫門，分八段說清淨、無垢、無
著的境界，經文依此八段攝為一句，即說此
三解脫門皆是寂靜。由於寂靜即能遍寂，由
於遍寂即能近寂，由於近寂即能寂止，寂止
是大牟尼法，所謂大牟尼法，即是一切諸佛
內自證智。

何謂寂靜，於內無所取，如不取眼為真實。
由寂靜故，即無我與我所。此亦即深般若的
「無有」。

何謂遍寂，即六根與六識悉皆寂滅，眼根既
不真實，眼識亦不真實，是即不依根識對外
境作分別，唯見外境一切法任運相。此亦即
深般若的「圓成」。

何謂近寂，於外無所取，如不取色聲等為真
實。由近寂故，即無內外相對。此亦即深般
若的「平等」。

何謂寂止，離內外相對故，無所緣、無所
取、無所依、無所得。此亦即深般若的「唯
一」。

由上經文即知，能入諸佛內自證智境界，是
由寂靜而至寂止的境界。是即由現證無生，
經歷無作意的觀修，而至無有一法生起為所

依止；是即由自性清淨，經歷觀修而至圓滿
清淨，現證無著境界；亦為由現證無戲論，
經歷觀修離戲論，而至現證戲論寂止的境
界；由得清淨可現證真如，由得無垢可現證
法界，由於無著可現證實際。依此，即可將
蘊、處、界及三時智納入三解脫門。

此中虛空是法身境界、明亮是報身境界、周
遍是化身境界。勝義世俗菩提心雙運境界則
具足三者而無分別。

【惟淨譯】　　　「復次，妙吉祥，如其虛空，菩提亦然；如其菩提，諸法亦然；如其諸法，眾生亦然；如其眾生，剎土亦然；如其剎土，涅槃亦然。妙吉祥，此說即是涅槃平等，為一切法畢竟邊際清淨之因，無對治離對治因，本來清淨、本來無垢、本來無著。如來了知彼一切法如是相故，現成正覺，然後觀察諸眾生界，建立清淨、無垢、無著遊戲法門，以是名字於諸眾生大悲心轉。

【曇摩流支譯】　「文殊師利，如虛空，菩提亦如是；如菩提，法亦如是；如法，法體亦如是；如法體，眾生亦如是；如眾生，國土亦如是；如國土，涅槃亦如是。文殊師利，如來說一切法平等如涅槃，以畢竟究竟無所治法。離諸所治法，以本來清淨、本來無垢、本來無點。文殊師利，如來如是如實覺一切法、觀察一切眾生性，即生清淨、無垢、無點，奮迅大慈悲心。

【僧伽婆羅譯】 「文殊師利，如虛空是菩提，如菩提是諸法，如諸法是一切眾生，如一切眾生是境界，如境界是泥洹。文殊師利，一切諸法與泥洹等，最上無邊故無有對治，無對治故本來清淨，本來無垢，本無煩惱。文殊師利，如是如來覺一切諸法已，觀諸眾生起大慈悲，令眾生遊戲清淨、無垢、無煩惱處。

【疏】 佛現證覺即是菩提，菩提所覺境界即是如來法身，法身譬喻為虛空。所以就智境而言，與法身境界無差別。復次，一切諸法皆在如來法身上隨緣自顯現，是故諸法自性即等同法身本性，是即可說，諸法亦是菩提。這便正是如來藏的深密，佛說諸經密意，建立種種法異門，無非都只是用種種言說來表達深密的如來藏。

本段經文由說菩提來說如來藏境界（諸佛境界），便可將情器世間作如是建立：諸法即是菩提，故眾生即是菩提；眾生即是菩提，故剎土即是菩提；剎土即是菩提，故涅槃即是菩提。既作上來種種抉擇，即可得一決定：涅槃平等，一切法平等如涅槃。此決定即是一切法究竟清淨之因。因為在一切法與涅槃平等的境界中，必無名言句義可以成立，必無戲論可以依止，若有，便與涅槃有差別，離世間涅槃差別才是究竟無分別。

既一切法平等，即無能對治與所對治，若分成能所二類別，便失去平等。這種境界，只能說是本然的境界，因為若非本然，世間的煩惱毒便必須對治。是故觀行菩提只能說是超越，而不能說為否定。本然的境界超越落於名言句義分別戲論的境界，此本然的境界即可依三解脫門說為：本來清淨、本來無垢、本來無著。如來由是而得成正覺，同時證入世間實相（真如）。如來教導眾生，亦依此三解脫門來作開示，此即如來對眾生顯示的大悲心。

本經說勝義世俗菩提心雙運竟。讀者於此須知三解脫門皆由本然而建立，若知本然，則自然不落世間的名言句義、戲論分別。必須不落此種種，始能知證覺的關竅，根本在於住入本然，是故見是法爾的見，觀修是無作意而觀法爾境界，所得的果亦是法爾的本然智（自然智、根本智）。

七、說菩薩行

【惟淨譯】　「復次，妙吉祥，云何是菩薩所行。菩薩勝行。謂若菩薩無盡無不盡、無生無不生，於畢竟盡相無所領受，然亦不壞畢竟無生。妙吉祥，菩薩若如是行，是為菩薩勝行。

「復次，妙吉祥，菩薩於過去心已盡，此無所行；未來心未至，此無所行；現在心無住，此無所行。菩薩於其過去、未來、現在諸心悉無所著，菩薩若如是行，是為菩薩勝行。

【曇摩流支譯】　「文殊師利，云何菩薩行菩薩行。文殊師利，若菩薩不生心，不為諸法盡、不為諸法生、非不為諸法不生。見諸法本來盡、見諸法不盡而不生慢心，言：『我如是知。』而不壞諸法本來不生。文殊師利，菩薩如是行菩薩行。

「復次，文殊師利，菩薩不見過去心盡行菩薩行、不見未來心未到行菩薩行、不見現在心有行菩薩行，而不著過去、未來、現在，心中如是行菩薩行。

【僧伽婆羅譯】 「文殊師利，云何諸菩薩行菩薩行。文殊師利，菩薩不思惟，不為滅不為生，是為行菩薩行。復次文殊師利，菩薩過去心已滅不行，未來心未到不行，現在心雖有亦不行。何以故。不著過去未來現在故。文殊師利，是名菩薩行菩薩行。

【疏】 上來既說取證菩提心已，即應說菩薩以何種勝行，得入佛境界成就正圓正等覺。下來即依抉擇與決定說種種行，所說為果地修的菩薩行，與寂天論師《入菩薩行》說因地修的菩薩行不同。

一、菩薩勝行是無盡無不盡、無生無不生。此即不須作意令世間名言句義盡、戲論分別盡，於觀行時，自然因超越而令其盡；亦不須受無生義所縛而盡，於觀行時，自然見世間一切法緣生如幻。是即經言：「於畢竟盡相無所領受，然亦不壞畢竟無生。」是即不落畢竟盡相，既然不落，便亦不壞畢竟無生。

二、承接上來所行，三時心盡。經言：「於過去心已盡，此無所行；未來心未至，此無所行；現在心無住，此無所行。」由是三時平等無分別。此中比較重要的是現在心無所住，因為觀修的行人常起一個念頭：「我在修這個法」，這樣一來，便有一個觀修的我可住，與及觀修的法可住，是即成為我與我所（人我、法我），上來所說的菩薩行便受破壞。

【惟淨譯】　「又復布施之法，諸佛如來與諸菩薩，而無其二無二種類，菩薩若如是行，是為菩薩勝行。持戒、忍辱、精進、禪定、智慧亦復如是，諸佛如來與諸菩薩，而無其二無二種類，菩薩若如是行，是為菩薩勝行。

【曇摩流支譯】　「文殊師利，布施菩薩、如來，無二、無差別，如是行名行菩薩行；持戒菩薩、如來，無二、無差別，如是行名為行菩薩行；忍辱菩薩、如來，無二、無差別，如是行名行菩薩行；精進菩薩、如來，無二、無差別，如是行名行菩薩行；禪定菩薩、如來，無二、無差別，如是行名行菩薩行；般若菩薩、如來，無二、無差別，如是行名行菩薩行。

【僧伽婆羅譯】 「文殊師利，布施及如來，無有二相，是菩薩所行；如是戒忍精進定慧，及如來無二，是菩薩所行。

【疏】 三、觀修行人與如來無二無差別。經文以修六波羅蜜多為例，說修布施者（經文說為布施菩薩）、修持戒者、修安忍（忍辱）者、修精進者、修禪定者、修般若（智慧）者，都與諸佛如來無二，無有二類。

密乘修法，行者自成本尊，起本尊慢而行，即與本經所說相順，不明此義者，便責備密乘不尊重諸佛菩薩，甚至責備密乘假借菩薩之名而行，彼等既不知清淨大平等性，亦不知此實為菩薩勝行。

【惟淨譯】

「又，妙吉祥，菩薩不行色空、不行色不空，菩薩若如是行，是為菩薩勝行。何以故。色即是空、色自性空，受想行識亦復如是。

「是故不行識空、不行識不空，菩薩若如是行，是為菩薩勝行。何以故。謂心意識無所得故。

「妙吉祥，此中無少法可有，若知若斷、若修若證，悉無所有。由如是故，此說名盡，如是乃為畢竟盡相。

「若畢竟盡即無所盡，無盡亦無盡。何以故。如所說盡故。若如所說盡，彼即無法可盡，若無法可盡即是無為，若無為即無生亦無滅，若佛出世、若不出世法性常住，以法住故即是法界，如法界住故智無所轉亦非無轉，以智無轉非無轉故，如是法理若悟入者，即得無漏、無生、無滅，此名漏盡。

「妙吉祥，是故當知，雖復世俗音聲文字總聚施設，是中無有少法若生若滅。」

【曇摩流支譯】 「文殊師利，菩薩不見色空、不見色不空，如是行名行菩薩行。何以故。色空色性。如是，文殊師利，菩薩如是不行受、想、行、識，不離受、想、行、識，如是行名為行菩薩行。何以故。以不見心、意、識。

「文殊師利，無有一法，若知、若離，若修、若證。文殊師利，言盡者，彼法常盡，非不盡，本來盡。若法本盡，彼法不可盡；以不可盡，是故說盡。何以故。以如實盡故。

「若如實盡，彼法不盡一法；若不盡一法，彼法無為；若法無為，彼無為法不生、不滅，是名如來。若如來出世及不出世，法性、法體、法住、法位、法界如實。法界如實住，法智不生、不滅，依彼智故知無為法。文殊師利，若入如是等諸法位者，知諸漏法不生、不滅。

「文殊師利，言諸漏盡者，此依世間名字假言而說，而彼真如法身無有法生、亦無法滅。」

【僧伽婆羅譯】「文殊師利，若菩薩不行色空是菩薩行，不行色不空是菩薩行。何以故。以色自性空故。如是菩薩不行受想行識空不空。是菩薩行。何以故。心意識不可得故。文殊師利，一切無所有法，當修當作證，若證則無煩惱生、無煩惱滅。文殊師利，生滅者，是假名字說，於實相中無起無滅。」

【疏】　四、菩薩於五蘊「不行色空、不行色不空」，受想行識亦復如是；於心識「不行識空、不行識不空」，心意意識亦復如是。這樣才能不落於空，若落於空，便不是畢竟盡相，因為落於空相。

於五蘊、心識如是行，即無少法可有，行者依無所有而知、依無所有而斷、依無所有而修、依無所有而證，如是始為畢竟盡相。所以前說行者與諸佛菩薩無二，實無行者相可得，亦無諸佛菩薩相可得。這其實即是不執着於相，不落名言句義而起相。密乘行人起本尊慢亦非依名言句義而起，其實只是勝義與世俗雙運相，此中無本尊可得，亦無行者的自我可得。

五、上來已說畢竟盡，應知，若畢竟盡，則更無一法可盡，因為已畢竟盡。如是無法可盡即是無為，是即無生無滅。由此可以決定法性常住，無論佛出世佛不出世，法性本然

常住。何以說為本然常住，因為無生即無法
性生起，故法性非本然存在不可；因為無
滅，即無法性可滅，故法性非本然常住不
可。說法性本然，雖說為常存常住，但却非
可定義為「真常」，因為凡說為「無常」者
必為非本然的有為法，法性本然、無為，是
即超越真與非真、常與無常。

更對常住的法性作一抉擇，可以說法住即是
法界，法性即本然住於法界。由是知法智無
所生起，亦非無所生起，非由建立生因而
生，一切諸法皆依於法智的功德而成顯現，
是即為生。

能通達上來所說，即得決定，無漏、無生、
無滅，名為「漏盡」，然而須知「漏盡」亦
是名言，非說於漏盡中有法生滅，是即決定
「彼真如法身無有法生、亦無法滅」（依曇
摩譯），這便是如來藏的實相。亦即一切諸
佛境界的實相。

【惟淨譯】　　　爾時，妙吉祥童真菩薩摩訶薩即從座起，偏
　　　　　　　　袒右肩右膝著地向佛合掌，以妙伽陀伸讚歎
　　　　　　　　曰：

　　　　　　　無形顯色無狀貌　　是中無滅亦無生
　　　　　　　無住亦復根本無　　無所緣尊今讚禮

　　　　　　　以無住故無出入　　亦復無彼諸分位
　　　　　　　已能解脫六處長　　無所緣尊今讚禮

　　　　　　　一切法中無所住　　有性無性皆遠離
　　　　　　　諸行平等得圓成　　無所緣尊今讚禮

　　　　　　　已能出離於三界　　虛空平等性中住
　　　　　　　世間諸欲不染心　　無所緣尊今讚禮

【曇摩流支譯】　爾時，文殊師利法王子菩薩摩訶薩即從座起，
　　　　　　　　偏袒右肩，右膝著地，合掌向佛，即以妙偈讚
　　　　　　　　嘆如來，而說頌曰：

　　　　　　　無色無形相　　無根無住處
　　　　　　　不生不滅故　　敬禮無所觀

　　　　　　　不住亦不去　　不取亦不捨
　　　　　　　遠離六入故　　敬禮無所觀

　　　　　　　出過於三界　　等同於虛空
　　　　　　　諸欲不染故　　敬禮無所觀

【僧伽婆羅譯】　缺

【疏】　　此處重頌總說無所緣。行者於觀修觀行時必有所緣境，凡所緣境必落名言句義戲論分別，是故行者須不依此而緣，是即不落於所緣（不受所緣境的名言句義等所縛），是即為無所緣而緣。

今說所緣境，由生滅起說，因為生滅是所緣境中最普遍的現象，如觀本尊生起、本尊融入等，通常都易被視為生滅。本經由無生無滅說一切諸佛境界，亦即由無生滅來說無所緣。

若無所緣即無所住（住入名言句義等），無所住即根本無，因為無住即無內識之出、外境之入，是即離去蘊處界之六處（眼處、耳處等，亦名眼入、耳入等）。

無所住即一切法平等，因為行者既有所住，便常用所住來抉擇一切法，是即不平等。此如唯住自成本尊境界，即不能將一切眷屬平等顯現為本尊，因為這違反了「自成」。

若無所住又離六入，是即出離三界，不受世間一切名言句義戲論分別所縛，是故說為「世間諸欲不染心」。如是即可入「虛空平等性中住」。

【惟淨譯】　　　三摩呬多常安處　　行住坐臥亦復然
　　　　　　　　諸威儀事妙肅成　　無所緣尊今讚禮

　　　　　　　　平等而來平等去　　平等性中妙安住
　　　　　　　　不壞平等性法門　　無所緣尊今讚禮

　　　　　　　　大聖善入平等性　　諸法皆住等引心
　　　　　　　　遍入無相妙法門　　無所緣尊今讚禮

　　　　　　　　大聖無住無所緣　　定中高積慧峯峻
　　　　　　　　普遍諸法得圓成　　無所緣尊今讚禮

【曇摩流支譯】　於諸威儀中　　去來及睡寤
　　　　　　　　常在寂靜故　　敬禮無所觀

　　　　　　　　去來悉平等　　以住於平等
　　　　　　　　不壞平等故　　敬禮無所觀

　　　　　　　　入諸無相定　　見諸法寂靜
　　　　　　　　常入平等故　　敬禮無所觀

【僧伽婆羅譯】　缺

【疏】　三摩呬多（samāhita），譯言「等引」，此為甚深定，能心生安定，平等引入所緣（此如引入壇城本尊），亦能引發不平等之方便（此如自成本尊、本尊放光作事業）。行者既能住入虛空大平等性，則於日常生活亦能等引，如無作意而顯現威儀（如說「不怒而威」）。

於等引中住入平等性，於是一切諸法都住入等引心中，如是即能現證無相。有相即非平等引，凡持一相即為此相所縛。行者如是積智慧資糧（「高積慧峰」），即能周遍諸法（平等始能周遍），如是始能認知諸法任運圓成，非有作者，亦無可作之法。

【惟淨譯】　　　　眾生威儀及色相　　語言音聲亦復然
　　　　　　　　　普能示現剎那間　　無所緣尊今讚禮

　　　　　　　　　大聖已離於名色　　於蘊界法亦普斷
　　　　　　　　　復能善入無相門　　無所緣尊今讚禮

　　　　　　　　　大聖善離於諸相　　諸相境界亦遠離
　　　　　　　　　已能善入無相門　　無所緣尊今讚禮

　　　　　　　　　無所思惟無分別　　淨意亦復無所住
　　　　　　　　　無諸作意無念生　　無所緣尊今讚禮

【曇摩流支譯】　缺

【僧伽婆羅譯】 缺

【疏】 此說眾生亦能剎那示現無所緣威儀色相，語言音聲，何以故？因其示現時實無所緣，故無作意。無作意的示現，其實亦尋常，例如我們說話時一舉手，一擺手亦常無作意。佛離名色（思惟與物質），亦斷蘊處界法，善入無相門，是故即離諸相境界（這便是不以心轉境，例如我們想起某人，便連他的妻子兒女亦想及，還想及他的住宅、衣飾，那便是由某人的相轉成一境）。如是即能無所思惟無分別，無分別意亦無所住，由是即不生作意。

本段重點在說如何無作意。

【惟淨譯】

譬如虛空無含藏　　已離戲論無所著
其心平等復如空　　無所緣尊今讚禮

譬如虛空無中邊　　諸佛法性亦如是
已能超越三世間　　無所緣尊今讚禮

諸佛猶如虛空相　　即此虛空亦無相
已能解脫事及因　　無所緣尊今讚禮

一切法中無依止　　如水中月無所取
無我相亦無音聲　　無所緣尊今讚禮

大聖不依止蘊法　　界處諸法亦復然
已能解脫顛倒心　　無所緣尊今讚禮

大聖已離於二邊　　亦復斷除於我見
法界平等得圓成　　無所緣尊今讚禮

【曇摩流支譯】

諸佛虛空相　　虛空亦無相
離諸因果故　　敬禮無所觀

虛空無中邊　　諸佛身亦然
心同虛空故　　敬禮無所觀

【僧伽婆羅譯】 缺

【疏】 本段說空。空的境界譬如虛空，虛空中無所藏（雲彩只依虛空為背境而浮現，非藏於虛空中）。空的境界亦遠離戲論而無所着，佛的平等心即如虛空。

以抉擇虛空無所藏且平等，即知虛空實離中邊（如離有離無，亦離有無之中際），法性即如虛空，是故即能超越欲界色界無色界三世，以此可說諸佛如虛空相。

然而虛空實亦無相，無解脫事之相，亦無解脫因之相，若有，虛空相即有所依止。可以由水中月來理解，水中月可說為有相，其實亦無相，因為水中月影本然就是水，並非月影中的水與月影外的水有所不同，前者依於後者。是即虛空平等。若虛空相有依止，可成解脫事與因，此相即與一切諸法不平等。

【惟淨譯】

色相名數已解脫　　亦復遠離不正法
無取無捨平等心　　無所緣尊今讚禮

已能超越諸魔法　　一切法中悉通達
妙入無障礙法門　　無所緣尊今讚禮

正智不說諸法有　　亦復不說諸法無
無語言道無發生　　無所緣尊今讚禮

聖不依止於二法　　久已摧折我慢幢
解脫二無二法門　　無所緣尊今讚禮

所有身語意過失　　大聖久已普除斷
不可譬喻不可思　　無所緣尊今讚禮

大聖無轉無發悟　　一切過失悉遠離
智為先導遍所行　　無所緣尊今讚禮

無漏淨念最微妙　　實不實法悉了知
亦無繫著無思惟　　無所緣尊今讚禮

【曇摩流支譯】　缺

【僧伽婆羅譯】　缺

【疏】　遠離世間，遠離不正法，建立平等心，即能超越諸魔法，所謂魔法即不平等法，凡夫心識即不平等，以有分別故，是故入無分別即能超越不平等法。

於平等正智中，不說諸法為有為無，這樣就是不執着於言說，因為在言說中必然說有說無。不但有無，一切相對二法悉皆遠離，如一多、來去、能所等即是二法。凡夫有自我，是故有我所，因此生我慢，若得無二法門，即離我與我所，這便是究竟的無分別。

既離我與我所，即無身語意的過失，因為不會執着「我」而作身語意事。亦無生起（轉）與發悟，即無一解脫法生起，亦無對一法悟入，若說為有，因不平等，便是過失。解脫其實亦是本然，無所緣即無所縛，無所縛即自解脫。

得入無所緣、無所取、無所得，是即無漏淨念，由此淨念得了知實與不實諸法，此即如實了知。是故說無縛（無繫著）、無思惟（無念）。

【惟淨譯】　　　大聖於心無所緣　　而能遍知一切心
　　　　　　　　亦無自他想念生　　無所緣尊今讚禮

　　　　　　　　無所緣中有所緣　　於一切心不迷著
　　　　　　　　無障礙法已圓明　　無所緣尊今讚禮

　　　　　　　　大聖於心無所緣　　亦復自性無所有
　　　　　　　　無心平等得圓成　　無所緣尊今讚禮

　　　　　　　　大聖不依於智法　　而能遍觀諸剎土
　　　　　　　　一切眾生行亦然　　無所緣尊今讚禮

　　　　　　　　智者於心無所得　　是中亦復畢竟無
　　　　　　　　於一切法正遍知　　無所緣尊今讚禮

【曇摩流支譯】　缺

【僧伽婆羅譯】　缺

【疏】　　　　無所緣心即能遍知一切心，何以故？因「亦無自他想念生」故。此即說心法性。一切眾生心中皆有此心法性，唯不顯露，顯露即無分別，只是了別、區別，或說為差別。此如認知甲非乙，那並非分別，只是了別，或說由形像而成區別、由性格職業等而成區別。

說無所緣，非說觀修觀行與及日常生活都無所緣境，若然，便連吃飯走路都成問題，只是「於一切心不迷著」，不住入所緣境，如是即成無障礙，正由於無障礙，才能說自性無所有。讀者須留意，於本經說了義法中，並非說因為空所以無自性，只說心無所緣故無障礙，無障礙故無自性。我們說水有水性，火有火性，實為障礙，障礙心法性。

所以聖者並非依於智法而能遍觀諸剎土，遍觀一切眾生行，只實由心法性不受障礙而得圓成。

【惟淨譯】　　　　　知一切法皆如幻　　即此幻亦無所有
　　　　　　　　　　已能解脫幻法門　　無所緣尊今讚禮

　　　　　　　　　　正覺雖行於世間　　亦不依止於世法
　　　　　　　　　　復無世間分別心　　無所緣尊今讚禮

　　　　　　　　　　大聖於彼空中行　　由空所成空境界
　　　　　　　　　　空與非空聖所宣　　無所緣尊今讚禮

　　　　　　　　　　現大神通起化事　　悉依如幻三摩地
　　　　　　　　　　離種種性遍入門　　無所緣尊今讚禮

【曇摩流支譯】　　　佛常在世間　　而不染世法
　　　　　　　　　　不分別世間　　敬禮無所觀

　　　　　　　　　　諸法猶如幻　　而幻不可得
　　　　　　　　　　離諸幻法故　　敬禮無所觀

【僧伽婆羅譯】　缺

【疏】　由緣生知一切法如幻，其實這如幻的概念亦無所有，是故如來即能解脫如幻法門，不住於如幻。所以行者修如幻定實不能究竟，還須修勇健楞嚴定，楞嚴定即是不依止於世法而行於世間的定，如不依止眼而得見、不依止耳而得聞，所以說「六根圓融」。不依止眼耳等，即是不依止世法。

六根圓融而見，六根圓融而聽等，即是行於世間。如是即為「空中行」，是即無世間分別行。空中行可說為「由空所成空境界」，亦即由施設而成的空轉起一境界，依此境界即可說為空與非空。如幻定（如幻三摩地，māyopamasamādhi）即依空與非空而起，定中所緣境可以說為空（如幻故非真實，是故說之為空），若離如幻這個概念，便得遍入，遍入一切心，遍入一切法，遍入一切世間，知一切世間如幻。

本段是說修如幻而離如幻，心法性始能周遍。

【惟淨譯】	了知非一非多性	若近若遠無所轉
	無高無下平等心	無所緣尊今讚禮
	金剛喻定現在前	一剎那中成正覺
	遍入無對礙法門	無所緣尊今讚禮
	雖知涅槃無所動	亦於三世善調伏
	具足種種方便門	無所緣尊今讚禮
	於彼一切眾生類	善解智慧及方便
	然亦不動涅槃門	無所緣尊今讚禮

【曇摩流支譯】　缺

【僧伽婆羅譯】　缺

【疏】　非一非多、無遠無近、無高無下，空中所行，圓融平等，是即可入金剛喻定（vajravimbopamasamādhi），由此定「遍入無對礙法門」（離相對，亦無障礙），於是一剎那現成正覺。

關於金剛喻定可依摧魔洲尊者（bDud 'joms gling pa, 一世敦珠法王）《無修佛道》所說，說為 ——

　　噫！彼空性之虛空，乃生起一切情器世間之基。此如影像以鏡為生起基，不能另於鏡外建立；又如月影以水為生起基，不能另於水外建立；又如彩虹以天空為生起基，不能另於天空外建立。

虛空既不能損其分毫，是故「無瑕」；
既不能剋制之或摧毀之，是故「無壞」；
既住而成世間一切明相展現之根基，是故
「無虛」；既不受過失或功德所變，是故
「無染」；既離變易，是故「無動」；既
能遍入最極微塵聚，是故「無礙」；既無
有能壞之者，故虛空為「無能勝」。

對無礙法門能具足種種方便，調伏三世間，
而涅槃無所動。亦能善解及方便一切眾生，
而涅槃無所動，這便是現證金剛喻定所現證
的佛智境界。

金剛喻定境界已超越平等性，喻為「金剛」
之七種虛空性，已超越大平等性故。此即不
住大平等性而成無瑕、無壞、無虛、無染、
無動、無礙、無能勝。此七者，悉是平等性
自解脫境界。唯有得此自解脫始能具足方
便，譬喻方便有瑕，如來無瑕，此即是平等
性自解脫的平等性中差別相。於前亦已畧
說。

【惟淨譯】　　　　大聖無相無發悟　　已離戲論無對礙
　　　　　　　　　無我故無對礙心　　無所緣尊今讚禮

　　　　　　　　　已離疑惑無過失　　無我我所亦復然
　　　　　　　　　於一切處正遍知　　無所緣尊今讚禮

【曇摩流支譯】　缺

【僧伽婆羅譯】　缺

【疏】　　　　　以無相、無發悟、離戲論、無對礙、無我、
　　　　　　　　無對礙心、離疑惑、無過失、無我我所，及
　　　　　　　　能於一切處正遍知，總讚無所緣尊，此種種
　　　　　　　　即無所緣之功德。

【惟淨譯】

稽首十力度煩惱　　稽首廣大施無畏
善住不共諸法中　　稽首世間尊勝者

稽首能斷眾結縛　　稽首已住於彼岸
稽首救世諸苦尊　　稽首不住於生死

普遍通達眾生行　　於一切處離意念
如蓮不著於水中　　淨空寂默常親近

聖師種種無上句　　稽首無緣度染海
普遍善觀諸相門　　於諸願求無所有

佛大威力不思議　　猶如虛空無依止
稽首廣持勝德門　　稽首猶如妙高勝

【曇摩流支譯】　缺

【僧伽婆羅譯】　缺

【疏】　　　普讚如來世尊，圓滿本經經文。

後分

一、囑咐離言

【惟淨譯】　爾時，世尊讚妙吉祥童真菩薩摩訶薩言：「善哉善哉，妙吉祥，如是如是，妙吉祥，勿於諸佛起色相見，勿於諸法謂其無相。

「勿謂諸佛獨居法界，亦勿謂佛處大眾中，當知諸佛無見無聞、無所供養、無供養者，諸佛如來無有少法若一性若多性而可施作。亦勿謂佛得菩提果，亦勿謂佛有法可現，無見、無聞、無念、無知，佛亦無言已說現說當說諸法。亦非諸佛現成正覺，亦無有法能成正覺，亦非諸佛斷染證淨，設有所作離見聞覺知。何以故。妙吉祥當知，一切法本來清淨故。

【曇摩流支譯】 爾時，世尊告文殊師利言：「善哉善哉。文殊師利，快說此法。文殊師利，如是如是。諸佛如來不應以色見、不應以法見、不應以相見、不應以好見、不應以法性見。

「文殊師利，諸佛如來非可獨見、非可眾見。文殊師利，諸佛如來無有人見、無有人聞，無有人現在供養、無有人未來供養。文殊師利，諸佛如來不說諸法一、不說諸法多。

「文殊師利，諸佛如來不證菩提。諸佛如來不依一法得名、亦非多法得名。文殊師利，諸佛如來不見諸法、不聞諸法、不念諸法、不知諸法、不覺諸法。文殊師利，諸佛如來不說一法、不示諸法。文殊師利，諸佛如來現在不說諸法、不示諸法。文殊師利，諸佛如來不飲、不食。文殊師利，諸佛如來無有法證。文殊師利，諸佛如來不斷染法、不證淨法。文殊師利，諸佛、如來不見諸法、不聞諸法、不嗅諸法、不知諸法。何以故。以一切法本清淨故。

【僧伽婆羅譯】 缺

【疏】 經文說「*勿於諸佛起色相見，勿於諸法謂其無相*」，說的正是一切諸佛境界。這個境界即是如來藏所說的境界，在諸佛證覺的智境中（佛內自證智境界），有法界中一切世間生起，對如來藏相，須如是而知。所以不能說在此境界中佛有色相可見，亦不能說諸法不成顯現無色相可見。這便是佛內自證智所證的實相，亦即佛證覺的覺境。

佛說，可以見到如來法身，正是指如來藏的境界，法身雖不成顯現，但卻如實存在，而且具有功德，所以法身便可以藉世間識境的顯現而成知見；世間一切法緣生如幻，顯現出來的只是幻相，非真實相，所以佛說之為無相，並不是否定世間顯現而說為無。

這樣說時便牽涉到法身、法身功德、藉功德而成顯現的世間，如是三者成兩重雙運——

一是，法身功德與世間雙運。於觀行時將法身功德建立為勝義，世間建立為世俗。於開始觀修時，如果不知緣生如幻，便依然有影像可得，並將影像視為真實，如是即見有生有滅。但作此雙運的行者，已知緣生如幻，於雙運時，即能現證無生無滅，同時知道這些如幻的顯現，唯藉如來法身功德始能圓成。及經觀行，即現證如來法身功德，由是

得成雙運。

二是，以上來的雙運境為世俗，以如來法身為勝義，如是觀行，便是由無生無滅的境界開始，更不須抉擇為如幻來說生滅。這重雙運的觀修，譬喻為螢光屏與影像雙運，既然知道有螢光屏才有影像，便可以說影像如幻，如是即成佛內自證智見世間的境界。

行者觀行此境界時，已知影像依功能而成顯現，但觀想屏中遊戲時，依然只着意於影像，而不會着意於螢光屏，所以佛才會說無相，令行者由如幻而知無相。同時對他指出，螢光屏的功能與及影像都依於螢光屏（本始基），是即世俗依於勝義。世俗無相而成識境顯現，勝義無相不由識覺得見，只能藉世俗的顯現而知見。是即圓滿顯示一切諸佛境界、本來如是的境界、法爾境界。

一切諸佛境界亦可以用螢光屏來譬喻。螢光屏是法身，螢光屏功能是報身，影像是化身。因此便分別說為智慧、光明、莊嚴，且建立為三解脫門。

依上來所說，便知不能說佛獨居法界，亦不能說佛處大眾中，仍以螢光屏為例，若說佛獨居法界，便等於說一個不能顯現影像的螢光屏；若說佛處大眾中，便等於說只有在放映時才有螢光屏。知道這一點十分重要，若不知則不成雙運。許多宗義即與此不順，例

如說因為「緣生」所以「性空」，那便是完全落於影像的顯現而見，是即緣生與性空都是影像，都是心識境界，絲毫不沾佛境界，是則焉能由觀行來現證如來法身功德與如來法身。

依此智識雙運境界，若說有佛可見、有佛可聞、有佛可以供養，但卻說無見佛者、無聞佛者、無供養佛者，那便有如只知螢光屏而不知功能與影像。亦不能說無佛可見、無佛可聞、無佛可以供養，但卻說有見佛者、有聞佛者、有供養佛者，那便等於只知功能與影像而不知螢光屏，這便可以決定，唯於智識雙運境界中才可以同時建立勝義與世俗，若落一邊，不依雙運，則必無可成立為真實。

依此境界，諸佛亦不見諸法、不聞諸法、不念諸法、不知諸法，是即無有少法可住、無有一法多法可作。如有不然，那便有如只見影像、只知功能而不知有螢光屏。

是故可說，於佛密意中、無言說中，已說諸法、現說諸法、當說諸法，若建立三時說法，即有「時」可依、可取、可得，是即現證三時無分別。因為唯有在密意中才能顯示上來所說的境界，依密意說，這便是離言而說。無所依而說、無所取而說、無所得而說、離三時而說，是不以言說為所依、所

取、所得，亦不以言說為已說、現說、當說。必須如此離言，才能顯示出密意，因為無一言說能如實表達密意。以此之故，如何由言說而理解密意，便成為學佛者的難關。

說離言，即說不能由言說而說「諸佛現成正覺」。既離言，便知「亦無有法能成正覺，亦非諸佛斷染證淨，設有所作離見聞覺知。」

二、校量功德

【惟淨譯】 「復次，妙吉祥，汝等當知此經功德不可思議，若有菩薩以三千大千世界微塵等數一切眾生，普令建立成緣覺果，然於此正法不生信解。若有菩薩於此正法生信解者，其所獲福比前福蘊廣多無量，何況自書或教人書，所得福蘊倍復增勝。

【曇摩流支譯】 「文殊師利，若有人以三千大千世界微塵數等眾生令置辟支佛地，於此法門不生信心，若復有菩薩信此法門，此菩薩功德尚多於前，何況有人於此法門若自書寫、令他書寫。福多於彼，無量無邊。

【僧伽婆羅譯】 缺

【疏】 令眾生普成辟支佛,而不信本經所說,其福德不及生信解者。此以成就緣覺乘作校量。

【惟淨譯】

「又，妙吉祥，若復有人以三千大千世界所有一切眾生之類，若卵生、若胎生，若濕生、若化生，若有色若無色，若有想若無想，若非有想若非無想，若二足若四足，若無足若多足，彼如是等諸眾生類，普令建立皆得人身，得人身已悉令發起大菩提心。發大菩提心已，一一菩薩於不可思議殑伽沙數佛剎土中，為微塵等諸佛菩薩并聲聞眾，以飲食、衣服、坐臥之物，病緣醫藥及諸樂具，供給供養經殑伽沙劫，彼彼諸佛入涅槃後，造七寶塔廣一由旬高百由旬眾寶界道，摩尼真珠殊妙嚴飾，豎立種種寶幢幡蓋，自在王寶妙網垂覆種種莊嚴。

「若復有人深心清淨，能於如是入諸佛境界智光明莊嚴甚深正法，聞已信解或復悟入，起清淨心少略乃至一四句偈為人演說，此所獲福不可稱數，現證佛智成辦福行殊勝事業，比前菩薩布施福蘊，百分不及一，千分不及一，百千分不及一，千俱胝[10]分不及一，百千俱胝分不及一，算分數分及譬喻分乃至烏波尼殺曇[11]分，皆不及一。

10　俱胝（koṭi），又作拘胝，俱致，拘梨。意譯為億。

11　烏波尼殺曇（upaniṣadm），亦譯為鄔波尼殺曇分，優波尼殺陀分，最極微小之分數。

【曇摩流支譯】「文殊師利，若三千大千世界所有眾生，若卵生、若胎生，若濕生、若化生，若有色、若無色，若有想、若無想，若一足、若二足、若三足、若四足、若多足、若無足，彼諸眾生假使一時皆得人身，發菩提心悉為菩薩，一一菩薩各以飲食、衣服、床榻、臥具、病瘦湯藥、種種資生、一切樂具奉施供養恒河沙阿僧祇[12]佛國土微塵數等諸佛如來及諸菩薩、諸聲聞僧，如是乃至恒河沙阿僧祇劫。彼諸如來、菩薩、聲聞入涅槃後，造七寶塔高一由旬，眾寶欄楯周匝圍遶，摩尼寶蔓以為間錯，豎寶幢、幡蓋，自在摩尼寶王羅網彌覆其上，所得功德不可稱計。

「若復有菩薩以畢竟清淨心，信此如來莊嚴智慧光明入一切佛境界經，信此法門、入此法門、不疑此法門、於此法門生清淨心，乃至為他演說一偈，此菩薩所得功德甚多無量阿僧祇。以此功德比，前功德百分不及一、歌羅[13]千分不及一、百千分不及一、百千萬分不及一、百千萬億分不及一、數分不及一，乃至算數譬喻所不能及。何以故。以能成就證佛智故。

---

12 阿僧祇（asaṃkhya）：無數，無法計數之意。

13 歌羅（kalā）：極微數量之名稱。

【僧伽婆羅譯】 「文殊師利，假使六趣四生眾生，若有色無色有想無想，二足四足多足無足，悉得人身，得人身故發菩提心，發菩提心已，一一菩薩供養恒河沙等諸佛，及諸菩薩緣覺聲聞，飲食衣服臥具醫藥一切樂具，經恒河沙劫，乃至入涅槃後，起七寶塔高百由旬，寶蓋覆上懸摩尼寶珠以為莊校，懸種種幡蓋，自在王摩尼珠以為交絡。

若有菩薩以清淨心，聞此度一切諸佛境界智嚴經，聞已歡喜受持信解，乃至為他說一偈一句，勝前功德，百分千分萬分億分，乃至算數譬喻所不能及。何以故。此經廣說不可思議清淨無相微妙法身故。

【疏】　　　　若普令一切眾生得人身，復令彼等得聲聞緣覺果以至佛果，並廣作種種供養，於其涅槃後建寶塔供養，不及信本經所說入一切諸佛境界法門。此以世間功德作校量。

【惟淨譯】 「又，妙吉祥，若有在家菩薩於阿僧祇殑伽沙數諸佛菩薩及聲聞所，以其飲食、衣服、坐臥之具、病緣醫藥，經阿僧祇殑伽沙劫供給供養。或有出家菩薩戒行清淨深心具足，於其一切牛畜聚中，少略乃至施以一食，此獲福蘊比前福蘊，百分不及一，千分不及一，百千分不及一，千俱胝分不及一，百千俱胝分不及一，算分數分及譬喻分乃至鄔波尼殺曇分，皆不及一。

【曇摩流支譯】 「文殊師利，若有在家菩薩，以飲食、衣服、床榻、臥具、病瘦湯藥、種種資生、一切樂具，奉施供養恒河沙等阿僧祇諸佛如來及諸菩薩、諸聲聞僧，如是乃至恒河沙等阿僧祇劫，所得功德不可稱計。若復有出家菩薩，持戒心清淨，乃至施與一畜生眾生乃至一口飲食，所得功德甚多無量阿僧祇。以此功德比，前功德百分不及一、歌羅千分不及一、百千萬分不及一、百千萬億分不及一、歌羅少分不及一，乃至算數譬喻所不能及。

【僧伽婆羅譯】　「文殊師利，若恒河沙等無數諸菩薩，若恒河沙無數諸佛世界，悉閻浮金所造，乃至樹木華果皆閻浮金，及以天衣莊嚴其樹，一切光明摩尼珠網以覆其上，自在王摩尼珠以為宮殿，電光摩尼珠以為基陛，懸眾寶幡，日日以此供養恒河沙等無數諸佛，如是經無數劫。

【疏】　　　長時供養無數諸佛菩薩及聲聞，其功德不及對牛畜施以一食者。這是以平等性作校量，前者不平等，有高下分別；後者平等，無高下分別。

【惟淨譯】 「又，妙吉祥，若三千大千世界如微塵等出家菩薩，若行具足深心清淨者，一一菩薩於十方世界阿僧祇殑伽沙數諸佛菩薩及聲聞所，以其飲食、衣服、坐臥之具、病緣醫藥，經阿僧祇殑伽沙數劫中供給供養，彼諸菩薩所獲福蘊其數無量。若有菩薩或在家者或出家者，戒行具足深心清淨，於此正法聞已信解，若自書寫或教人書，此所獲福比前菩薩布施福蘊倍復增勝，百分不及一，千分不及一，百千俱胝、算數、譬喻，皆不及一。

【曇摩流支譯】 「文殊師利，假使三千大千世界微塵數等出家菩薩持戒心清淨，一一菩薩各以飲食、衣服、床榻、臥具、病瘦湯藥、種種資生、一切樂具，奉施供養十方世界恒河沙等阿僧祇諸佛如來及諸菩薩、諸聲聞僧，如是乃至恒河沙等阿僧祇劫，所得功德不可稱計。若復有菩薩持戒心清淨，若在家、若出家，聞此法門生信不疑，若自書寫、教他書寫，所得功德甚多無量阿僧祇。以此功德比，前菩薩檀施[14]功德百分不及一、歌羅千分不及一、百千萬分不及一、數分不及一，乃至算數譬喻所不能及。

---

14 檀施（dāna），即布施。

【僧伽婆羅譯】　「若有菩薩正念此經，或宣說一句，以前菩薩布施功德，比此功德百分不及一，百千萬億分乃至算數譬喻所不能及，如是其餘一切功德，比此經功德無有及者。」

【疏】　無數戒行具足、深生清淨出家菩薩，於十方世界長時普供養諸佛菩薩聲聞，其福德，不及出家菩薩或在家者，亦戒行具足，深生清淨，但於本經所說正法，能生信解，且作傳播。此以傳播本經所說法門而作校量，較未傳播本經者為勝。

【惟淨譯】　「又，妙吉祥，若有菩薩以三千大千世界滿中七寶，經三千大千世界微塵數劫，布施供養佛菩薩等。若有菩薩於此正法，少略乃至一四句偈，能解入者此所獲福，比前福蘊百分不及一，千分不及一，百千俱胝、算數、譬喻，皆不及一。

【曇摩流支譯】　「文殊師利，若有菩薩摩訶薩以滿三千大千世界七寶奉施供養諸佛如來，如是乃至三千大千世界微塵數劫，所得功德不可稱計。若復有菩薩為餘菩薩於此法門中乃至說一四句偈，所得功德甚多無量阿僧祇。以此功德比，前功德百分不及一、歌羅千分不及一、百千萬分不及一、百千萬億分不及一、數分不及一、歌羅少分不及一、算數分不及一，乃至算數譬喻所不能及。

【僧伽婆羅譯】　缺

【疏】　以三千大千世界充滿七寶，經長時供養諸佛菩薩，其福德不及傳播本經乃至四句偈者，此亦以傳播本經法門作校量。

前段以抄寫本經為功德，本段以解說本經為功德，二者校量又以本段所說功德為勝。

【惟淨譯】 「妙吉祥，且置如上經三千大千世界微塵數劫布施福行。妙吉祥，假使阿僧祇殑伽沙數等諸菩薩，一一菩薩皆於阿僧祇殑伽沙數佛剎土中，以閻浮檀金所成諸妙寶樹及殊妙衣服，普遍光明真珠摩尼寶網垂覆，自在王摩尼寶所成樓閣，以電光明摩尼寶而為界道，豎立殊妙幢幡寶蓋，圓滿作已，普為阿僧祇殑伽沙數佛世尊等日日供養，如是經于阿僧祇殑伽沙劫修布施行。或有菩薩於此最上甚深正法生信解已，少略乃至一四句偈，為餘菩薩如理宣說令其解入，此獲福蘊比前菩薩布施福蘊，百分不及一，千分不及一，百千俱胝、算數、譬喻，皆不及一。

【曇摩流支譯】　「文殊師利，置滿三千大千世界七寶，於三千大千世界微塵數劫以用布施所得功德。文殊師利，若復有恒河沙等諸菩薩，一一菩薩恒河沙等阿僧祇佛國土閻浮檀金以為世界，一切諸樹天衣纏裹，集一切光明王摩尼寶羅網以覆其上，自在王摩尼寶以為樓閣，電光明摩尼寶以為欄楯，如意寶珠滿彼世界，豎立一切諸寶幢、幡蓋，於日日中奉施供養恒河沙等阿僧祇諸佛如來，如是布施乃至恒河沙等阿僧祇劫，所得功德不可稱計。若復有菩薩信此法門，為餘菩薩於此法門中乃至說一四句偈，所得功德甚多無量阿僧祇。以此功德比，前功德百分不及一、歌羅千分不及一、百千萬分不及一、百千萬億分不及一、數分不及一、歌羅少分不及一、僧企耶[15]分不及一、數分不及一、憂波尼沙陀分[16]不及一，乃至算數譬喻所不能及。

15　僧企耶（sāṃ khya），音譯為僧佉，又作僧企耶。意譯作數術，制數論，即數論。

16　憂波尼沙陀分（upaniṣadam-api），又作鄔波尼殺曇分，憂波尼奢分。略稱尼殺曇，尼薩曇。古印度形容極少之數量名稱。梵語，數法之極也。

【僧伽婆羅譯】 缺

【疏】　　　無數菩薩於佛剎中，長時供養無數諸佛世尊，縱使其布施供養更勝上來所說，但其功德仍遠遠不及對本經所說甚深正法生信解，且作傳播乃至四句偈。此仍以傳播本經法門作校量，唯其傳播能令人解入，是故為勝。

【惟淨譯】 「又，妙吉祥，正使三界成已，所有一切地獄、餓鬼、畜生趣中諸眾生類，若有在家菩薩為彼地獄、餓鬼、畜生趣中一切眾生普令救拔，得出離已皆悉建立成緣覺果。若有出家菩薩於諸牛畜聚中，少略乃至施以一食，此所獲福無有稱量。

【曇摩流支譯】 「文殊師利，假使三界中所有眾生，彼諸眾生於地獄、畜生、餓鬼中，若有在家菩薩拔出爾許地獄、畜生、餓鬼眾生置辟支佛地，所得功德不可稱計。若復有出家菩薩乃至施與畜生一口飲食，所得功德勝前功德無量無邊阿僧祇。

【僧伽婆羅譯】　缺

【疏】　　　　救拔三界一切地獄餓鬼畜生，令其得緣覺
　　　　　　果，其功德不及於諸牛畜聚中施以一食。此
　　　　　　以本經所說大平等性作校量，前者有作意，
　　　　　　後者無作意。

【惟淨譯】 「又，妙吉祥，正使十方所有一切佛剎土中，不可說俱胝那庾多[17]百千如微塵等出家菩薩，一一菩薩於十方世界，一一方分皆有十佛剎不可說俱胝那庾多百千如微塵等諸佛世尊，彼一一佛并諸菩薩聲聞大眾，經十佛剎不可說俱胝那庾多百千微塵數劫，以飲食、衣服、坐臥之具、病緣醫藥，為彼一一諸佛如來，於日日中以十佛剎不可說俱胝那庾多百千如微塵等世界充滿自在王摩尼妙寶布施供養。若有菩薩於此正法生信解已，於其牛畜聚中少略乃至施以一食，此所獲福比前菩薩布施福蘊，百分不及一，千分不及一，百千俱胝算數譬喻，皆不及一。何以故。今此正法若得聞者，即得不退轉諸大菩薩大智印故。

---

17 那庾多（nayuta），又音譯那由他，那由多。古印度之數量名稱，即相當於一千億。

【曇摩流支譯】　「文殊師利，若復有十千國土不可數億那由他、百千萬億那由他微塵數等出家菩薩，一一菩薩十方世界於一一方見十億不可說、百千萬億那由他微塵數等諸佛如來，一一如來及諸菩薩、諸聲聞僧，以飲食、衣服、臥具、床榻、病瘦湯藥、種種資生、一切樂具滿千億那由他、百千萬億那由他不可說微塵世界自在王摩尼珠，於一一日中施一一如來并諸菩薩及聲聞僧，如是乃至千億那由他、百千萬億那由他佛國土微塵數不可說劫，所得功德不可稱計。若復有菩薩信此法門，乃至施與一畜生眾生乃至一口飲食，所得功德甚多無量阿僧祇。以此功德比，前功德百分不及一、歌羅千分不及一、百千分不及一、百千萬分不及一、百千萬億分不及一、僧企耶分不及一、歌羅少分不及一、數分不及一，乃至算數譬喻所不能及。何以故。以能信此法門不退轉菩薩印故。

【僧伽婆羅譯】　缺

【疏】　　　無數菩薩各於十方世界，十十佛剎作殊勝供
養諸佛菩薩聲聞以及眾生，其功德不及對此
正法生信解已，於牛畜聚中乃至施以一食。
因為前者無數菩薩，未能聞此正法得不退轉
位，後者依此正法得成不退轉大菩薩，得大
智印，是故較勝。

所謂大智印，即識境得與智境相印，心性得
與法性相印，識覺得與智覺相印。亦可說為
大手印。

【惟淨譯】

「又，妙吉祥，若有菩薩能為十方一切世界一切眾生，悉令建立皆住隨信行地；若有菩薩為一眾生建立令住隨義行地，此所獲福無有稱量。

「又，妙吉祥，若有菩薩能為十方一切世界一切眾生建立令住隨義行地；若有菩薩為一眾生建立令住隨法行地，此所獲福無有稱量。

「又，妙吉祥，若有菩薩能為十方一切世界一切眾生，建立令住隨法行地；若有菩薩為一眾生建立令住須陀洹果，此所獲福無有稱量。

「又，妙吉祥，若有菩薩能為十方一切世界一切眾生，建立令住須陀洹果；若有菩薩為一眾生建立令住斯陀含果，此所獲福無有稱量。

「又，妙吉祥，若有菩薩能為十方一切世界一切眾生，建立令住斯陀含果；若有菩薩為一眾生建立令住阿那含果，此所獲福無有稱量。

「又，妙吉祥，若有菩薩能為十方一切世界一切眾生，建立令住阿那含果；若有菩薩為一眾生建立令住阿羅漢果，此所獲福無有稱量。

「又，妙吉祥，若有菩薩能為十方一切世界一切眾生，建立令住阿羅漢果；若有菩薩為一眾生建立令住緣覺之果，此所獲福無有稱量。

「又，妙吉祥，若有菩薩能為十方一切世界一切眾生，建立令住緣覺之果；若有菩薩為一眾

生建立令發大菩提心，此所獲福無有稱量。

「又，妙吉祥，若有菩薩能為十方一切世界一切眾生，建立令發菩提心已；若有菩薩為一眾生建立令住不退轉位，此所獲福無有稱量。

「又，妙吉祥，正使菩薩普為一切眾生，建立皆住不退轉位；若有菩薩發清淨心，於此最上甚深正法正信解已，能自書寫若教人書，或復為他廣大宣說，少略乃至令一眾生於此最上甚深正法信解悟入者，所獲福蘊無量無數不可稱計。」

【曇摩流支譯】 「文殊師利，若有菩薩教化十方一切世界所有眾生置信行中，若復有菩薩化一眾生置義行中，所得功德勝前功德無量無邊。

「若復有菩薩教化十方一切世界所有眾生置義行中，若復有菩薩化一眾生置法行中，所得功德勝前功德無量無邊。

「文殊師利，若復有菩薩教化十方一切世界所有眾生置法行中，若復有餘菩薩化一眾生置八人中，所得功德勝前功德無量阿僧祇。

「文殊師利，若復有菩薩教化十方一切世界所有眾生置八人中，若復有菩薩化一眾生令得須陀洹果，所得功德勝前功德無量阿僧祇。

「文殊師利，若復有菩薩教化十方一切世界所有眾生令得須陀洹果，若復有菩薩化一眾生令得斯陀含果，所得功德勝前功德無量阿僧祇。

「文殊師利，若復有菩薩教化十方一切世界所有眾生令得斯陀含果，若復有菩薩化一眾生令得阿那含果，所得功德勝前功德無量阿僧祇。

「文殊師利，若復有菩薩教化十方一切世界所有眾生令得阿那含果，若復有菩薩化一眾生令得阿羅漢果，所得功德勝前功德乃至無量阿僧祇。

「文殊師利，若復有菩薩教化十方一切世界所有眾生令得阿羅漢果，若復有菩薩化一眾生令得辟支佛道，所得功德勝前功德乃至無量阿僧祇。

「文殊師利，若復有菩薩教化十方一切世界所有眾生令得辟支佛道，若復有菩薩化一眾生令發菩提心，所得功德乃至無量無邊阿僧祇。

「文殊師利，若復有菩薩教化十方一切世界所有眾生令發菩提心，若復有菩薩化一眾生令得不退地，所得功德勝前功德乃至無量阿僧祇。

「文殊師利，若復有菩薩教化十方一切世界所有眾生令得不退轉地，若復有菩薩信此法門，若自書寫、教他書寫、廣為人說，所得功德勝前功德乃至無量阿僧祇，如是，乃至百千萬億那由他分不及其一。」

【僧伽婆羅譯】　缺

【疏】　　　　本段經文依行者的果位作較量。

一、校量加行道四果位。

若有菩薩令一切眾生得入隨信行地，其功
德不及令一眾生入隨義行地。

若有菩薩令一切眾生得入隨義行地，其功
德不及令一眾生入隨法行地。

若有菩薩令一切眾生得入隨法行地，其功
德不及令一眾生得須陀洹果（預流果）。

隨信行、隨義行、隨法行三地都屬加行地，
隨信、隨法為觀修，隨義為依法義而行。

二、校量聲聞乘四果位。

菩薩能令一切眾生建立且得須陀洹果，其
功德不及令一眾生建立且得斯陀含果（一來
果）。

菩薩能令一切眾生建立且得斯陀含果，其
功德不及令一眾生建立且得阿那含果（不還
果）。

菩薩能令一切眾生建立且得阿那含果，其
功德不及令一眾生建立且得阿羅漢果。

菩薩能令一切眾生建立且得阿羅漢果，其
功德不及令一眾生建立且得緣覺果（辟之佛
果）。

三、校量緣覺與菩薩乘果位。

菩薩能令一切眾生建立且得緣覺果，其功德不及為一眾生建立且令發大菩提心。

菩薩能令一切眾生建立且發大菩提心，其功德不及為一眾生建立且令住不退轉位（八地）。

四、校量菩薩乘與佛乘果位。

菩薩能令一切眾生建立且住不退轉位，其功德不及於此最上甚深正法生信解已，且能書寫，及為他人說此正法，令一眾生信解悟入。

此由果位校量，先校加行道四果位，後後勝於前前；再校聲聞乘四果位，後後勝於前前，更勝於加行道四果位；復校緣覺乘辟支佛位，不及菩薩乘果位；最後校本經所說佛乘，更較菩薩乘為勝，若已入佛乘，更能傳播本經，功德最為殊勝。

然後說信解本經及傳播本經功德最勝。

三、信受奉行

【惟淨譯】　　爾時，世尊普為大眾說伽陀曰：

若有諸菩薩　　供十俱胝佛
受持正法門　　極盡時邊際

復於甚深典　　愛樂而聽受
此福廣無邊　　果報中最勝

【疏】　　此段頌文由菩薩乘開始校量。初為得受正
法、供養世間十俱胝佛，且於甚深經典樂聞
聽受，功德為果報中最勝。

（承上【惟淨譯】）

若有諸菩薩　　神力往十方
十俱胝佛所　　親近而供養

遍禮人中尊　　最上諸正士
悲愍諸眾生　　增長眾利樂

【疏】　　　　復校量具神通力菩薩，得往十方供養十俱胝
　　　　　　佛，且能悲憫眾生，其功德更勝前者，因為
　　　　　　已離果報，如是始能稱為「最上諸正士」。

（承上【惟淨譯】）

今此甚深經　　諸佛共宣說

若能為他人　　須臾敷演者

是即佛教中　　善開發淨信

彼所獲福果　　廣大復最勝

【疏】　　　　接着，校量得聞本經正法者，較「最上諸正
士」更勝。初說由本經得開發正信，由是可
得福果。

（承上【惟淨譯】）

　　　　　　　諸佛大悲愍　　宣示此正法
　　　　　　　如廣大燈明　　普照人天界

　　　　　　　中有猛利慧　　及具大力者
　　　　　　　能發信解心　　速得成佛果

【疏】　　　　次說若利根菩薩，由本經得成佛果，此已勝
　　　　　　　於前者，因離福果故。

（承上【惟淨譯】）

　　如是善逝教　　若有得聞者
　　聞已復為他　　展轉而宣演

　　如為彼諸佛　　最上人中尊
　　入大無餘依　　清淨涅槃已

　　能建立寶塔　　增聳復殊妙
　　眾寶所莊嚴　　高踰有頂際

　　豎立勝幡蓋　　寶鈴出妙聲
　　上徹有頂天　　嚴好而廣大

【疏】　　　　更說若能為人宣說本經正法，於涅槃後，當
　　　　　　得鈴幡寶塔供養，是即更得福德，故又較前
　　　　　　者為勝。

（承上【惟淨譯】）

　　　　　　若有諸菩薩　　愛樂此經典
　　　　　　於如是相中　　聞已發淨信

　　　　　　於彼清淨處　　安布是正法
　　　　　　此所獲福蘊　　廣大而最勝

【疏】　　　上來諸菩薩功德，與愛樂本經且發淨信，復
　　　　　能於清淨處宣教此正法者校量，則有所不
　　　　　及。

（承上【惟淨譯】）

若有諸菩薩　　受持此正法
廣為他流通　　滌除恡法垢

此所獲福蘊　　功德勝無量
趣求大菩提　　隨願而獲得

此甚深經典　　諸佛之所宣
諸大菩薩眾　　多受持宣演

十方一切佛　　悉於虛空界
普現諸佛身　　令一切瞻仰

【疏】　　　　最後校量菩薩信解受持本經後，復廣為流
　　　　　　通，即受十方諸佛加持，能得最大福德，隨
　　　　　　願得大菩提，如是即得大涅槃，是故最為殊
　　　　　　勝。是即謂以廣大流通本經為勝。

【惟淨譯】　佛說此經已，妙吉祥菩薩摩訶薩，并餘無數不思議不可說諸菩薩眾，及大聲聞，一切世間天、人、阿修羅、乾闥婆等，聞佛所說皆大歡喜，信受奉行。

【曇摩流支譯】　爾時，世尊而說偈言：

> 菩薩能住持　　十億佛妙法
> 若人聞此經　　功德勝於彼

> 為禮諸佛足　　神通遊十方
> 以華香塗香　　供養十億佛

> 若有聞此經　　為人須臾說
> 功德勝於彼　　其數無有量

> 若聞佛法身　　為第二人說
> 鈍聞生利智　　速證無上道

> 為佛天人中　　造立諸妙塔
> 滿足無量億　　上至於有頂

> 周匝遍十方　　塔中竪幢幡
> 金鈴七寶蓋　　如是供養佛

> 菩薩聞是經　　若能自書寫
> 若教他書寫　　其福勝於彼

> 若人持此經　　遠離於慳妬
> 彼功德無量　　速成大菩提

> 此經顯法身　　如空現眾像
> 無量諸佛說　　是故應護持

佛說此經已，文殊師利法王子，及無量阿僧祇不可說不可說諸菩薩摩訶薩，及諸聲聞眾，一切世間天、人、阿修羅等，聞佛所說，歡喜奉行。

【僧伽婆羅譯】　爾時世尊說此祇夜：

若有受持此　微妙法身經
所得功德利　不可得稱量

假使諸眾生　皆悉生人道
並發菩提心　為求一切智

如是諸菩薩　皆作大施主
以種種供具　供養無數佛

并及諸菩薩　緣覺與聲聞
乃至入滅度　各起七寶塔

高至百由旬　種種寶嚴飾
若人持此經　或說一句偈

出過此功德　無量無有邊
以此經所說　無相法身故

是故有智者　應當念受持
讀誦及書寫　以華香供養

所得功德果　不可得思議
不久詣道場　降魔成正覺

如是修妒路　諸佛所稱揚
即是妙法身　無相無言語
是故受持者　功德不可量

佛說此經已，文殊師利等一切菩薩，無量緣
覺及聲聞眾，天、龍、夜叉、乾闥婆、阿修
羅、迦樓羅、緊那羅、摩睺羅伽、人非人
等，一切大眾，聞佛所說，歡喜奉行。

【疏】　　　上來三譯頌文彼此參差，不能對照而疏，故只據惟淨譯。

經文最後一段，說菩薩眾、聲聞眾、天龍八部眾及人眾等，對本經信受奉行，此為結經通例。

圓滿、吉祥

主編者簡介

談錫永，廣東南海人，1935年生。童年隨長輩習東密，十二歲入道家西派之門，旋即對佛典產生濃厚興趣，至二十八歲時學習藏傳密宗，於三十八歲時，得甯瑪派金剛阿闍梨位。1986年由香港移居夏威夷，1993年移居加拿大。

早期佛學著述，收錄於張曼濤編《現代佛教學術叢刊》，通俗佛學著述結集為《談錫永作品集》。主編《佛家經論導讀叢書》，並負責《金剛經》、《四法寶鬘》、《楞伽經》及《密續部總建立廣釋》之導讀。其後又主編《甯瑪派叢書》及《大中觀系列》。

所譯經論，有《入楞伽經》、《四法寶鬘》（龍青巴著）、《密續部總建立廣釋》（克主傑著）、《大圓滿心性休息》及《大圓滿心性休息三住三善導引菩提妙道》（龍青巴著）、《寶性論》（彌勒著，無著釋）、《辨法法性論》（彌勒造、世親釋）、《六中有自解脫導引》（事業洲巖傳）、《決定寶燈》（不敗尊者造）、《吉祥金剛薩埵意成就》（伏藏主洲巖傳）等，且據敦珠法王傳授註疏《大圓滿禪定休息》，著作等身。其所說之如來藏思想，為前人所未明說，故受國際學者重視。

近年發起組織「北美漢藏佛學研究協會」，得二十餘位國際知名佛學家加入。2007年與「中國人民大學國學院」及「中國藏學研究中心」合辦「漢藏佛學研究中心」主講佛學課程，並應浙江大學、中山大學、南京大學之請，講如來藏思想。

導讀者簡介

邵頌雄，祖籍廣東番禺，出生於香港，1990年移居加拿大，並隨談錫永上師學習佛家經論、修持及佛典繙譯。多倫多大學（University of Toronto）宗教研究中心（Centre for the Study of Religion）博士，曾任教於多倫多大學東亞研究系（Department of East Asian Studies）及宗教研究系（Department of Religious Studies）、及威爾弗瑞德・勞瑞爾大學（Wilfrid Laurier University）宗教研究系。現任教於多倫多大學新學院（New College）及伊曼紐爾學院（Emmanuel College）。

全佛文化圖書出版目錄

☐ 小品般若波羅密經	220	☐ 解深密經・大乘密嚴經 200
☐ 金光明經・金光明最勝王經	280	☐ 大日經 220
☐ 楞伽經・入楞伽經	360	☐ 金剛頂經・金剛頂瑜伽念誦經 200
☐ 楞嚴經	200	

三昧禪法經典系列

☐ 念佛三昧經典	260	☐ 寶如來三昧經典	250
☐ 般舟三昧經典	220	☐ 如來智印三昧經典	180
☐ 觀佛三昧經典	220	☐ 法華三昧經典	260
☐ 如幻三昧經典	250	☐ 坐禪三昧經典	250
☐ 月燈三昧經典(三昧王經典)	260	☐ 修行道地經典	250

修行道地經典系列

☐ 大方廣佛華嚴經(10冊)	1600	☐ 中阿含經(8冊)	1200
☐ 長阿含經(4冊)	600	☐ 雜阿含經(8冊)	1200
☐ 增一阿含經(7冊)	1050		

佛經修持法系列

☐ 如何修持心經	200	☐ 如何修持阿閦佛國經	200
☐ 如何修持金剛經	260	☐ 如何修持華嚴經	290
☐ 如何修持阿彌陀經	200	☐ 如何修持圓覺經	220
☐ 如何修持藥師經-附CD	280	☐ 如何修持法華經	220
☐ 如何修持大悲心陀羅尼經	220	☐ 如何修持楞嚴經	220

守護佛菩薩系列

☐ 釋迦牟尼佛-人間守護主	240	☐ 地藏菩薩-大願守護主	250
☐ 阿彌陀佛-平安吉祥	240	☐ 彌勒菩薩-慈心喜樂守護主	220
☐ 藥師佛-消災延壽(附CD)	260	☐ 大勢至菩薩-大力守護主	220
☐ 大日如來-密教之主	250	☐ 準提菩薩-滿願守護主(附CD)	260
☐ 觀音菩薩-大悲守護主(附CD)	280	☐ 不動明王-除障守護主	220
☐ 文殊菩薩-智慧之主(附CD)	280	☐ 虛空藏菩薩-福德大智守護(附CD)	260
☐ 普賢菩薩-廣大行願守護主	250	☐ 毘沙門天王-護世財寶之主(附CD)	280

輕鬆學佛法系列

☐ 遇見佛陀-影響百億人的生命導師	200	☐ 佛陀的第一堂課-	200
☐ 如何成為佛陀的學生-	200	四聖諦與八正道	
皈依與受戒		☐ 業力與因果-	220
		佛陀教你如何掌握自己的命運	

洪老師禪座教室系列

禪生活系列

密乘寶海系列

其他系列

女佛陀系列

全套購書85折、單冊購書9折
（郵購請加掛號郵資60元）
全佛文化事業有限公司
新北市新店區民權路95號4樓之1
TEL:886-2-2913-2199
FAX:886-2-2913-3693
匯款帳號：3199717004240
　　　　　　合作金庫銀行大坪林分行
戶名：全佛文化事業有限公司
全佛文化網路書店www.buddhall.com
*本書目資訊與定價可能因書本再刷狀況而有
變動，購書歡迎洽詢出版社。

離言叢書11

《智光莊嚴經密意》

主編註疏　談錫永
導　　讀　邵頌雄
美術編輯　李　琨
封面設計　張育甄
封面攝影　陳慧娟
出　　版　全佛文化事業有限公司
　　　　　訂購專線：(02)2913-2199
　　　　　傳眞專線：(02)2913-3693
　　　　　發行專線：(02)2219-0898
　　　　　匯款帳號：3199717004240　合作金庫銀行大坪林分行
　　　　　戶　　名：全佛文化事業有限公司
　　　　　E-mail：buddhall@ms7.hinet.net
　　　　　http://www.buddhall.com
門　　市　新北市新店區民權路108-3號10樓
　　　　　門市專線：(02)2219-8189
行銷代理　紅螞蟻圖書有限公司
　　　　　台北市內湖區舊宗路二段121巷19號（紅螞蟻資訊大樓）
　　　　　電話：(02)2795-3656
　　　　　傳眞：(02)2795-4100

初　　版　2018年06月
定　　價　新台幣420元
ＩＳＢＮ　978-986-96138-1-1（平裝）

國家圖書館出版品預行編目資料

智光莊嚴經密意 / 談錫永主編註疏；
邵頌雄導讀. -- 初版.--新北市：
全佛文化, 2018.06
面；　公分. -（離言叢書；11）
ISBN 978-986-96138-1-1(平裝)

1.方等部 2.經集部
221.3　　　　　　　107009842

BuddhAll

All is Buddha.

BuddhAll.

BuddhAll